Contraste insuffisant

NF Z 43-120-14

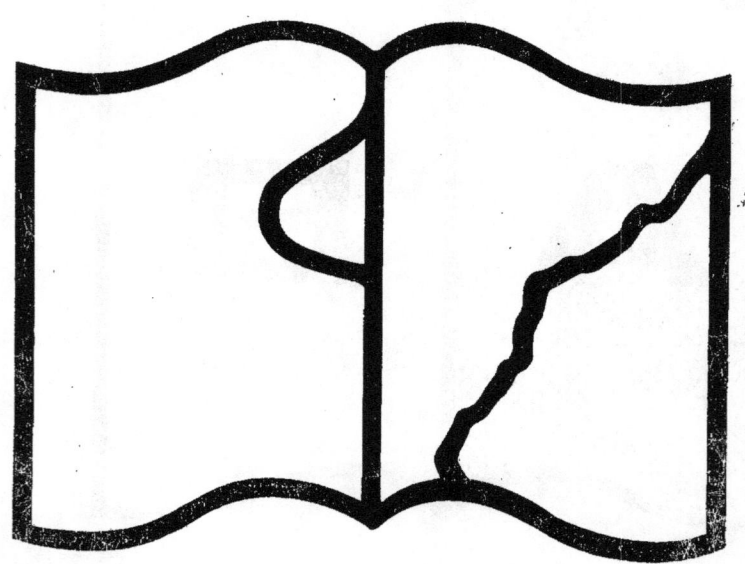

Texte détérioré — reliure défectueuse
NF Z 43-120-11

LE MARTYRE DU CŒUR

DRAME EN CINQ ACTES EN PROSE
PAR
MM. VICTOR SÉJOUR ET JULES BRÉSIL

Représenté pour la première fois, à Paris, sur le théâtre de l'Ambigu-Comique, le 15 Mars 1858.

DISTRIBUTION DE LA PIÈCE

PIERRE LABORIE, 1er rôle jeune.	MM. LAFERRIÈRE.	L'OUVRIER.	MM. PHILIBERT.
LERDAC.	CASTELLANO.	LE COURTIER MILITAIRE.	HOSTER.
PLACIDE.	BURRET.	CLARISSE.	Mmes ADÈLE-PAGE.
FORBIN.	SCHEY.	JACQUELINE.	LEBRUCH.
LE DOMINICAIN.	DORNAY.	MADAME DUROZOIR.	MARTY.
LE MENDIANT.	CHARLES.	SUZANNE.	MILLA.
LE CHARBONNIER.	RICHER.	PALMYRE.	HAQUETTE.
SENNEVAL.	MAGNANETTE.	HORTENSE.	ADÉLIE.
LINGEAC.	RIGA.	LAURE.	ESTHER.

DOMESTIQUES, CONVIVES.

La scène se passe à Paris, en 1810.

— Représentation, reproduction et traduction réservées. —

ACTE PREMIER
Un salon.

SCÈNE PREMIÈRE
CLARISSE, SUZANNE, assises; HORTENSE, entrant.

HORTENSE, à Clarisse.
Madame Durozoir va se rendre ici... (Clarisse, qui cause avec Suzanne, ne répond pas.) M'avez-vous entendue, mademoiselle Clarisse?

CLARISSE, sans la regarder.
C'est bien, c'est bien !

HORTENSE.
Quel ton prenez-vous avec moi?... Vous oubliez, sans doute, à qui vous parlez?

CLARISSE, avec ironie, en se levant.
Oh! mille pardons!... Je parle à mademoiselle Hortense, quatrième sous-maîtresse dans l'illustre pension de madame Durozoir, à Chaillot, où je ne suis, moi, qu'une pauvre petite élève, moins que rien.

HORTENSE.
Pas de fausse humilité! Vous êtes la fille du marquis de Neptueil, mais, ici, je suis votre supérieure, et j'ai le droit de vous punir si votre orgueil vous le fait oublier. (Elle sort.)

SCÈNE II
SUZANNE, CLARISSE.

SUZANNE, riant.
Elle est furibonde... tant mieux !

CLARISSE.
Non, tant pis!... J'ai cédé à un mouvement involontaire, je m'en repens, et je vais...

SUZANNE.
Te jeter à ses pieds?

CLARISSE.
Tout au moins la prier de me pardonner mes torts.

SUZANNE.
Bah! une sous-maîtresse! — C'est une sotte! — Elle s'en va de la pension aux vacances, j'en suis enchantée.
CLARISSE.
Elle est bien heureuse!...
SUZANNE.
Ton tour viendra, et le mien aussi. — Patience! l'Empereur travaille à ramener les émigrés. Ton père, comme le mien, se laissera désarmer par le grand homme; et il aura raison. Tu pourras alors épouser ce beau jeune homme qui, tous les dimanches, vient à l'église de Chaillot pour te voir.
CLARISSE.
Folle!... Ce jeune homme ne sait même pas mon nom, je gage.
SUZANNE.
Tant mieux! S'il t'aime déjà pour tes beaux yeux, son amour deviendra de l'adoration quand il saura que tu portes un des plus grands noms de France. — A propos... que devient ton Laborie?
CLARISSE.
Monsieur Laborie?... Tu sais bien que, depuis quatre mois, je ne l'ai pas vu.
SUZANNE.
Tu comptes les jours, toi. — Et que te dit-il au sujet de sa famille?
CLARISSE.
Il évite de m'en parler.
SUZANNE.
Au fait, que peut-il savoir?... On ne se confie pas au premier venu.
CLARISSE.
Laborie est un ami.
SUZANNE.
Un ami à gages, je le veux bien.
CLARISSE.
Suzanne!
SUZANNE.
Tu le défends? je me tais!
CLARISSE.
Tu ne comprends donc pas mon affection pour lui?
SUZANNE.
Une grosse affection, bien sérieuse!
CLARISSE.
Mais, pourquoi pas?... je n'ai jamais connu que sa tante et lui.
SUZANNE.
Ah!
CLARISSE.
Tu le sais bien... Tout enfants, nous courions dans les bois. — J'avais quatre ans à peine, il avait, lui, douze ou treize ans au plus. Ces jours de l'enfance ne s'effaceront jamais. — Quand j'étais fatiguée, je grimpais sur ses épaules, et il me portait, en riant, jusqu'à la ferme. Souvent, je m'endormais à l'ombre d'un vieux saule. Mais il disait que l'herbe fraîche était malsaine, et je me réveillais toujours dans quelque bonne meule de foin, où il m'avait creusé une petite couchette jonchée de fleurs. Il était mon souffre-douleur, quand j'étais méchante, je m'en souviens. Ah! les beaux jours passés dans la joie! — Et quand sa tante mourut, ma pauvre et chère nourrice! qui donc m'entoura de soins, m'amena à Paris, me conduisit dans cette pension?... Lui, toujours lui!... Et tu ne veux pas que je lui fasse une petite place dans mon cœur?... Mais ce serait de l'ingratitude... et Dieu me préserve de ce malheur!
SUZANNE.
Il a eu soin de toi, oui, mais avec l'argent qu'il recevait de tes parents.
CLARISSE.
Je le veux bien. Mais, ce qu'il n'a reçu que de Dieu, c'est son bon cœur, son abnégation, son dévouement.
SUZANNE.
Mon Dieu! je voulais seulement te tenir en garde contre toi-même...
CLARISSE.
Que veux-tu dire?
SUZANNE.
Ou plutôt contre ce jeune et beau protecteur, qui pourrait peut-être un jour abuser de ta trop vive sympathie.
CLARISSE.
Je ne te comprends pas.
SUZANNE.
Cela m'est venu à l'esprit, en lisant un roman de la bibliothèque de mon père.
CLARISSE.
Un roman?

SUZANNE.
Où l'on voit un obscur serviteur qui a trente ans, comme monsieur Laborie, et qui ose se croire digne d'inspirer à sa jeune maîtresse un sentiment plus fort que celui de l'amitié.
CLARISSE.
Laborie me respecte assez pour ne jamais oublier la distance qui nous sépare. Quant à ton roman, c'est un mauvais livre, un conte invraisemblable et absurde. (Entre madame Durozoir, suivie d'Hortense. — Elles se parlent bas; Hortense veut s'éloigner.)
MADAME DUROZOIR, la retenant.
Ah!... la lingère a-t-elle envoyé la personne qui doit la remplacer?
HORTENSE.
Non, madame.
MADAME DUROZOIR.
Est-elle toujours bien souffrante?
HORTENSE.
Elle pourra reprendre son service dans cinq ou six jours. (Elle sort.)

SCÈNE III
MADAME DUROZOIR, SUZANNE, CLARISSE.

MADAME DUROZOIR.
Vous avez désiré me voir, mesdemoiselles, qu'avez-vous à me demander?
SUZANNE.
De ne point nous séparer, Clarisse et moi, pendant les leçons de danse, madame.
CLARISSE.
Je voudrais être au nombre des élèves de M. Forbin.
MADAME DUROZOIR, après un silence, à Suzanne.
Clarisse vous suivra dans cette nouvelle classe... vous pouvez aller dire à votre professeur. — Restez, Clarisse! (Suzanne sort.)

SCÈNE IV
MADAME DUROZOIR, CLARISSE.

MADAME DUROZOIR.
Je n'ai pas voulu m'expliquer devant Suzanne, vos intérêts ne sont pas les siens. Je vous engage à prendre une première leçon, puis, sous un prétexte quelconque, à y renoncer de vous-même.
CLARISSE.
Pourquoi cela, madame?
MADAME DUROZOIR.
Je ne puis, sans un ordre de monsieur Laborie, augmenter le prix de votre pension.
CLARISSE, blessée.
Monsieur Laborie n'a d'autre volonté que la mienne, madame.
MADAME DUROZOIR.
Trouvez bon, cependant, que je le consulte. Je dois, du reste, lui écrire sur diverses choses auxquelles il oublie trop souvent de me répondre. Je le ferai venir. Il verra s'il doit se conformer à vos intentions.
CLARISSE.
Monsieur Laborie n'ordonne pas, madame, il obéit.
MADAME DUROZOIR.
C'est bien... (A part.) Quel orgueil!
CLARISSE, se mettant au piano.
Parce que je n'ai pas voulu jusqu'ici étudier la danse... ne dirait-on pas que j'ai perdu à jamais le droit de l'apprendre? (Elle joue avec colère et bruyamment.)
MADAME DUROZOIR.
Moins de bruit, je vous prie. (Clarisse joue doucement.)
HORTENSE, entrant.
La personne recommandée par la lingère vient d'arriver.
MADAME DUROZOIR.
Qu'elle attende!... j'ai à écrire à monsieur Laborie, vous me rejoindrez, je vous donnerai mes ordres. (Elle sort.)
HORTENSE, ouvrant la porte du fond.
Entrez! (Jacqueline paraît.) Veuillez attendre un instant, je vous prie. (Elle va rejoindre madame Durozoir. — Jacqueline s'assied dans un coin.)

SCÈNE V
CLARISSE, SUZANNE, FORBIN, JACQUELINE.

SUZANNE, entrant.
J'amène monsieur Forbin. (Forbin paraît sa pochette à la main.)
FORBIN, saluant Clarisse.
Mademoiselle, charmé de vous voir au nombre de mes jolies élèves. (Il désigne Suzanne.)

SUZANNE.
Ne fais pas attention, ma chère, monsieur Forbin est très-aimable.

FORBIN.
C'est mon état !... qui dit : Maître à danser, dit : Homme aimable !... Où est le temps où l'on se disputait ma personne !... j'étais le professeur privilégié de la cour... comblé de gloire et d'écus... Mais un jour vint...

SUZANNE.
Bon ! le voilà parti...

FORBIN.
Jour néfaste... où je perdis tout, fors l'honneur !

CLARISSE.
Et la vie ?...

FORBIN.
Bien entendu. Cependant la mienne n'a tenu qu'à un fil. — C'était en 1792...

SUZANNE.
Vous allez encore nous narrer une de vos histoires, monsieur Forbin ?

FORBIN.
Arrêté et condamné comme suspect, je devais être expédié le lendemain. J'étais à la Conciergerie... dans le cabanon d'un pauvre diable d'intendant comme moi... (se reprenant) comme moi voué à la mort. (Jacqueline écoute.) Nous nous contions nos chagrins... il laissait après lui une femme... et un enfant.

JACQUELINE, à part, se levant.
Que dit-il ?

FORBIN.
Moi, je ne laissais qu'une femme... Tout à coup la porte du cabanon s'entr'ouvre : Sortez, fait une voix... On me réintègre dans mon cachot, me dis-je... je sors... le geôlier referme la porte à tâtons, m'affuble d'une veste et d'un bonnet d'employé, me met dehors en me disant : Elle vous attend à l'arche-Marion !...

JACQUELINE, à part.
L'arche-Marion ! (Elle l'examine.)

FORBIN.
Je ne fais aucune objection, comme bien vous pensez ; va pour l'arche-Marion, me dis-je. Mon épouse aura corrompu le geôlier.

JACQUELINE, à part.
O mon Dieu !

FORBIN.
Une femme se jette à mon cou en criant : Ambroise ! Ambroise !

JACQUELINE, à part.
C'est bien lui !

FORBIN.
Mon petit nom étant Baptiste, je commence à concevoir des doutes sur l'identité de mon épouse... je me tais cependant et gagne du terrain pour sortir de l'arche. La bonne femme me suit en m'embrassant toujours.

JACQUELINE, à part.
Oh !

FORBIN.
Nous arrivons sous un réverbère... Ici la scène change : La malheureuse pousse un cri terrible... Ah ! qui êtes-vous ? — Baptiste ! — D'où venez-vous ? — De la Conciergerie. — Qui vous envoie ? — Le geôlier. — Et Ambroise ? — Il paraît qu'on m'a pris pour lui.

JACQUELINE, à part.
Je dévorerai mes larmes...

CLARISSE.
Et qu'est devenue cette malheureuse ?

FORBIN.
Elle ?

JACQUELINE, à part.
J'étoufferai mes sanglots !

FORBIN.
Mais tout naturellement ses cris redoublent... J'étais perdu... je m'élance à l'eau, et, tout en gagnant l'autre bord de la rivière, j'entends l'infortunée, devenue folle sans doute, crier à la foule accourue : J'ai volé, j'ai volé pour sauver Ambroise, et c'est Baptiste qu'on m'envoie !

JACQUELINE, à part.
Non, je ne pleurerai pas... non, non !

FORBIN.
Sa douleur était si déchirante, que je crus devoir doubler la vitesse de ma coupe pour m'arracher à ce spectacle... Voilà comment, mesdemoiselles, voilà comment j'ai échappé à mes bourreaux.

JACQUELINE, tombant comme foudroyée.
Ah !

FORBIN, se retournant.
Hein ?

CLARISSE, courant à Jacqueline.
Mon Dieu ! de l'eau... de l'air !... (Hortense entre aux cris des jeunes filles.)

HORTENSE, entrant.
Qu'est-ce donc ?

SUZANNE.
Une femme qui se trouve mal.

FORBIN, s'approchant de Jacqueline.
Où diable ai-je vu cette figure-là ?...

CLARISSE, à Jacqueline.
Eh bien ! comment vous trouvez-vous ?

JACQUELINE.
Vous êtes trop bonne, mademoiselle... mais ce n'est rien... un peu de fatigue... une marche précipitée... je suis tout à fait bien... je vous remercie.

CLARISSE.
Vous m'avez fait peur.

HORTENSE, à Jacqueline.
Vous pouvez passer à la lingerie, madame... je vous expliquerai ce que vous aurez à faire.

JACQUELINE, à part.
Ici !... cet homme n'aurait qu'à me reconnaître !

HORTENSE.
Eh bien ?

JACQUELINE.
Pardon !... mais je venais... il m'est impossible... mon Dieu oui, de toute impossibilité d'accepter ce travail.

HORTENSE.
Comment !

JACQUELINE.
Je demeure si loin... Cet emploi ne me convient pas.

HORTENSE.
Mais vous acceptiez tout à l'heure ?...

JACQUELINE.
Je fais des ménages le matin.

HORTENSE.
Vous y renoncerez.

JACQUELINE.
Oh ! non... il en est un auquel je tiens plus qu'à toute autre chose. Veuillez m'excuser, mademoiselle, et présenter mes regrets à madame Durozoir. (Elle salue et sort.)

FORBIN.
Drôle de femme !

CLARISSE.
Votre histoire l'aura effrayée.

SUZANNE.
Une histoire !... dis un conte, ma chère !...

FORBIN, avec dignité.
Mademoiselle, je n'ai déguisé la vérité qu'une fois en ma vie... c'était en 1784... la duchesse de Valmartin...

SUZANNE.
Encore une histoire ?... oh ! non ! (Elles vont pour se sauver.)

SCÈNE VI
Les Mêmes, HORTENSE, LERDAC, PLACIDE.

HORTENSE, ouvrant la porte du fond.
Monsieur, donnez-vous la peine d'entrer. (Lerdac entre suivi de Placide.)

SUZANNE, bas à Clarisse.
Le jeune homme de l'église !

LERDAC, à part, en regardant Clarisse.
La voilà !

HORTENSE, à Lerdac.
Je vais prévenir madame Durozoir... (Elle sort.)

LERDAC, aux jeunes filles.
Restez, je vous prie... je serais désolé que ma présence vous contraignît à quitter ce salon.

SUZANNE, bas à Clarisse.
Comme il te regarde !

FORBIN.
Ce n'est pas votre présence, monsieur, c'est le devoir... ma classe de danse réclame ces demoiselles..... Terpsichore les attend... Votre très-humble... (Aux jeunes filles, qu'il commande.) Laissons ce bourgeois... et ! je vous disais donc que la duchesse de Valmartin... (Lerdac, en entendant ce nom, se retourne vivement, ainsi que Placide, qui s'est tenu respectueusement à l'écart.)

SCÈNE VII

PLACIDE, LERDAC.

LERDAC.
Ce vieux cerbère a prononcé le nom de Valmartin... il sait donc qui je suis?...

PLACIDE.
Pourquoi?... vous n'étiez pas le duc de Valmartin, vous étiez monsieur Lerdac.

LERDAC.
Ne vous semble-t-il pas, mon bon Placide, que prononcer, en m'apercevant, le nom de la personne que je représente... c'est prouver qu'on me connaît?

PLACIDE.
Qu'importe? m'avez-vaous pas dit que vaous veniez ici envoyé par une dame de vaos émis, qui désirait y plécer sa fille?

LERDAC.
Je plaisantais... je veux me faire remarquer d'une charmante enfant que j'ai vue à l'église de Chaillot, et dont le souvenir me poursuit. — Mais si je suis reconnu, c'est à vous que je le dois, je gage... depuis huit jours vous courez, disant mon nom à tous les échos.

PLACIDE.
Oh! yes, yes, les soldats militaires étaient baocoup rares... il fallait bien caourir paour trouver à vaous une remplaçante, puisque, rentré dans votre pays, il fallait, malgré vos vingt-neuf ans, tirer le conscriptione.

LERDAC.
Ce maître à danser vous aura vu quelque part, et il vous reconnaît à votre diable de figure.

PLACIDE.
Yes, mon figoure de diable... Oh! jé étais pas une domestique comme une autre, moa.

LERDAC.
Domestique!... domestique!... Vous n'êtes pas le mien, ni celui de personne... Vous avez des rentes... Du fond de la Jamaïque, où l'oncle du duc de Valmartin, mon ami, est mort, vous êtes venu nous déterrer en Prusse...

PLACIDE.
Où vous étiez en train, par des prêts usuraires, d'enfermer lui dans vos filets.

LERDAC.
Vous avez dit au duc que vous aviez seize cent mille francs que son oncle vous avait confiés en mourant... et dont vous lui serviriez la rente, en attendant mieux.

PLACIDE.
Ça faisait dresser l'oreille à vaous.

LERDAC.
J'étais créancier. Il m'a reconnu par contrat la moitié de cette rente, et la moitié du capital qui pourrait lui revenir... Il s'acquittait comme il pouvait... Mais, pour moi, c'était plus qu'une fortune, c'était ma dernière planche de salut.

PLACIDE.
Et vous vous étiez accroché à cette planche...

LERDAC.
Comme un noyé.

PLACIDE.
J'allais dire cela.

LERDAC.
Et, vous savez, les noyés...

PLACIDE.
Ne lâchent plus ce qu'ils avaient tenu une fois... C'était pourquoi, vous ne lâchez plus moa... Oh! je savais bien... Moa, pas un nègre paour vous, moa, une lingaot.

LERDAC, à part.
Il est étonnant de lucidité, ce Caraïbe-là. (Haut.) Mais, avec cela, vous faites tout ce qu'il faut pour nous ruiner, savez-vous, Placide?

PLACIDE.
Le duc et vaous?... Oh! maovaise, maovaise idée... L'oncle du duc, mon maître, paovre père homme, m'avait dit à son lit de mort: « Placide, tu pléceras en ton nom seize cent mille
» francs à la banque de France... » Je l'ai fait... « Placide, tu
» donneras au duc de Valmartin, le fils de ma sœur, les rentes
» de ces seize cent mille francs... » Je les donne... « Pla-
» cide, retiens bien mon dernier vœu... mon vœu suprême...
» Si au baout de cinq années... »

LERDAC.
Mon bon Placide, dispensez-moi d'entendre encore ce récit. L'accomplissement de ce vœu serait un désastre pour le duc et une ruine pour moi, vous le savez bien. Au nom du ciel, laissez-moi mes illusions... Laissez-moi croire que nous atteindrons sans encombre le terme des cinq années. — Mais savez-vous, Placide, que ce jour-là, je vous ferai un cadeau de roi?

PLACIDE.
Moa, assez riche... Le marquis avait donné cent mille francs à moa.

LERDAC.
Eh bien! je vous en donnerai cent autres mille, moi, pour que vous vous souveniez de notre bonheur... Qu'avez-vous à répondre à cela?

PLACIDE, se tenant la tête.
Oh! le sang!... Vous sévez le sang à moa...

LERDAC.
Ah! ah! vos bourdonnements?

PLACIDE.
Moa, plus entendre du toute, du toute.

LERDAC, à part.
Oh! nègre rusé! voilà sa tactique ordinaire pour éviter de répondre. — Ah! si ma fortune n'était pas dans ses mains!

SCÈNE VIII

LES MÊMES, MADAME DUROZOIR.

MADAME DUROZOIR, une lettre à la main.
Mille pardons, monsieur, de vous avoir fait attendre. Puis-je savoir à qui j'ai l'honneur de parler?

LERDAC.
L'intention que j'ai, madame, de placer une jeune parente dans un des meilleurs pensionnats de Paris m'a tout naturellement conduit chez vous.

MADAME DUROZOIR.
C'est trop d'honneur... Et monsieur désire visiter?...

LERDAC.
Oui, madame. (A part.) Je pourrai peut-être lui glisser mon billet en passant.

MADAME DUROZOIR.
Voulez-vous bien me permettre de prendre congé de madame la comtesse de Grancey, qui m'a retenue jusqu'à présent et qui attend là?

LERDAC.
Faites donc, madame, je ne suis pas pressé, j'attendrai.

MADAME DUROZOIR va s'éloigner vers la droite, Forbin paraît au fond.
Monsieur Forbin, votre classe est achevée?

FORBIN.
Oui, madame, je viens vous en apporter la feuille.

MADAME DUROZOIR.
C'est bien!... Ayez l'obligeance, je vous prie, de jeter cette lettre à la poste.

FORBIN.
Je n'y manquerai pas, madame...

MADAME DUROZOIR, à Lerdac.
Je reviens, monsieur. (Elle sort.)

FORBIN, à part, lisant l'adresse.
A monsieur Laborie. (Il met la lettre dans sa poche et veut s'éloigner.)

LERDAC, à Forbin.
Pst! Pst!

SCÈNE IX

LERDAC, FORBIN, PLACIDE.

FORBIN, s'arrêtant.
Pst! Pst!... Me prend-il pour son chien?

LERDAC.
Puis-je savoir, monsieur, comment j'ai l'honneur d'être connu de vous?

FORBIN.
Mais, monsieur, vous n'avez pas cet honneur... Oh! pardon, je voulais dire...

LERDAC.
Vous avez prononcé le nom de Valmartin tout à l'heure?

FORBIN.
Moi! (Ironiquement.) Je parlais de la duchesse...

LERDAC.
De Valmartin... Vous l'avez connue?

FORBIN, se campant.
Très-familièrement. Est-ce que monsieur...

LERDAC, le saluant.
Très-familièrement aussi.

FORBIN, à part.
Ce bourgeois... quelle prétention! (Haut.) Alors, vous avez sans doute aussi connu monsieur le duc son époux? (Ricanant.) Hein? (Affirmation de Lerdac.) Et le jeune Henry, son fils, hein?

LERDAC, riant.
Henry?... et vous?...

FORBIN.
Pardieu! Cela me rappelle une anecdote : L'enfant m'ado-

rait... un jour que je le faisais sauter sur mes genoux, madame la duchesse me dit : Baptiste... je...

LERDAC.

Baptiste! (Le prenant par l'oreille.) Ah! coquin! Je te reconnais maintenant.

FORBIN.

Monsieur, cette familiarité me blesse.

PLACIDE, riant.

Yes! yes! vous lui blessez l'oreille, monsieur Lerdac.

LERDAC.

Oui, je te reconnais... Tu as été jadis au service du duc de Valmartin!

FORBIN.

Ah! monsieur, ne me perdez pas... On ignore dans cette maison que j'ai servi.

PLACIDE.

Oh! oh! monsieur Bétiste était domestique chez le papa de monsieur le duc...

FORBIN, le toisant.

Valet de pied! monsieur... et maintenant maître...

PLACIDE.

De pieds... tooujourse!

LERDAC, lui reprenant l'oreille.

Ah! drôle!... Tu as fait tradition dans la famille des Valmartin... Ton nom est resté l'équivalent de valet adroit et peu scrupuleux.

FORBIN.

On va à la postérité comme on peut!...

LERDAC.

Tu dois toujours aimer les louis?

FORBIN.

Une assez jolie monnaie devenue rare depuis les napoléons. J'en referais volontiers la connaissance.

LERDAC.

Alors, écoute-moi. — Je suis amoureux fou d'une jeune fille qui habite cette maison... une des charmantes personnes que tu emmenais tout à l'heure... La petite brune... Sais-tu son nom?

FORBIN, avec suffisance.

Comment, si je le sais?... Elle se nomme... Ah! pardon, elle n'est mon élève que d'aujourd'hui, j'ignore son nom.

LERDAC.

Pour le moment cela importe peu. Remets-lui cette lettre, sois discret, sois fidèle, et je te fais fortune!... (Il lui donne une lettre et de l'argent.)

FORBIN.

Chut! On vient!

SCÈNE X
LES MÊMES, MADAME DUROZOIR.

MADAME DUROZOIR.

Monsieur, je suis à vos ordres... puisse le pensionnat vous paraître digne de recevoir votre parente! (Elle sort conduisant Lerdac.)

FORBIN, à part.

Une parente!

SCÈNE XI
PLACIDE, FORBIN.

PLACIDE.

Combien vous a-t-on donné, maester Bétiste?

FORBIN.

Deux louis... pourquoi?... Est-ce que vous en voudriez la moitié?

PLACIDE.

Au contraire, chaque fois que monsieur Lerdac, ainsi qu'aujourd'hui, t'aura donné une somme pour faire une mauvaise action, je daoublerai cette somme pour que tu en faisais une bonne à le place. Cela allait-il à toâ?

FORBIN, tendant la main.

Doublez?

PLACIDE.

Le billet doux?

FORBIN, lui donnant une lettre.

Voilà!

PLACIDE, lui donnant l'argent.

Voilà! (Placide jetant la lettre au feu, à Forbin.) Si tu parlais, je brûlerai toa comme cette petite pepier... Good morning, Bétiste. (Il sort.)

SCÈNE XII
FORBIN, seul.

Voyons donc! voyons donc! Le noir doublera toujours la somme que le blanc aura donnée... une vraie martingale... Il s'agit de jouer de confiance sur les deux couleurs. Oui, mais si monsieur Lerdac place ici sa parente, cette parente se liera avec la petite, et je deviendrai parfaitement inutile... Voilà ce que la martingale promise me conseille d'empêcher.

UNE VOIX dans la coulisse.

Elle va venir, monsieur, elle va venir!

FORBIN.

A propos, n'oublions pas la missive de madame Durozoir. (Il regarde la lettre.) Bon! j'ai donné sa lettre au nègre... et j'ai gardé le billet-doux de l'autre. Imbécile! (Il sort.)

SCÈNE XIII
LABORIE, entrant.

Elle va venir! je vais la revoir!... Oh! Clarisse!... Comment va-t-elle me recevoir?... Qu'a-t-elle pensé de mon absence?... m'a-t-elle regretté?... Qu'importe?... je ne demande à Dieu que le bonheur de la regarder!... La dernière fois que je l'ai vue, elle était assise là... elle avait une robe blanche et des marguerites dans les cheveux... elle m'a tendu la main en souriant... Ah! je l'entends... c'est elle! (Clarisse et Suzanne entrent.)

SCÈNE XIV
LABORIE, CLARISSE, SUZANNE.

LABORIE.

C'est bien elle!

CLARISSE.

Eh bien! Laborie, vous ne me dites rien?

LABORIE.

J'étouffe!...

CLARISSE.

Vous souffrez?

LABORIE.

J'étouffe de joie... j'étouffe de bonheur!... (L'embrassant.) Ah! c'est vous, Clarisse, c'est bien vous!... Quatre grands mois sans vous avoir embrassée!

CLARISSE.

Vous ne dites rien à Suzanne?

LABORIE.

Oh! pardon, mademoiselle... j'étais tout entier au bonheur...

SUZANNE.

De revoir Clarisse... cela se comprend, monsieur Laborie...

LABORIE, à Clarisse.

La préoccupation de votre bonheur m'agitait sans cesse. Le médecin me disait de ne pas penser, je pensais toujours à vous.

CLARISSE.

Vous avez été malade?

LABORIE.

Dangereusement.

CLARISSE.

Mon Dieu! que me dites-vous? Et pourquoi ne m'avoir pas écrit?

LABORIE.

Je l'ai voulu, mais les forces m'ont manqué. Je m'imaginais, dans le délire de la fièvre, que mes souffrances étaient les vôtres... Je vous voyais mourante... Jugez de mon désespoir!... Tenez, les larmes m'en viennent encore aux yeux! (A Suzanne.) Tout cela doit vous paraître bien puéril, n'est-ce pas?... mais songez que je l'ai vue tout enfant, votre amie... nous avons grandi ensemble, en plein champ, en plein soleil... Le même pain nous a nourris... je ne parle pas de ses petits chagrins, qui étaient de grands malheurs pour moi... Elle peut ne pas être ma sœur, mais je l'aime comme un frère, moi. (A Clarisse.) Enfin, je suis accouru dès que j'ai pu sortir... mon cœur battait avec violence en entrant... Mademoiselle Clarisse, ai-je dit, à la première personne qui se présente? On me répond : Elle va venir... Moi qui craignais... moi qui tremblais de... mais vous voilà... vous voilà souriante, je vous entends, je vous vois, je vous parle... que me faut-il de plus pour oublier, pour être heureux?

CLARISSE, émue.

Laborie...

SUZANNE.

Que te disais-je? monsieur Laborie a pour toi une affection...

LABORIE.

C'est bien naturel. Les pauvres n'ont que leur cœur, ils le donnent tout entier.

SUZANNE.

Je connais des pauvres, moi, qui ne donneraient pas un lambeau de leurs haillons pour rien.

LABORIE.
Moi, c'est différent, mademoiselle, j'en connais qui ne vivent que de sacrifices et de dévouement.
SUZANNE.
Vous êtes bien heureux !
LABORIE.
Oui, sans doute... mais croyez-le, mademoiselle, riches et pauvres, grands et petits, ne font qu'une même famille... Les seuls déshérités sont ceux que la perversité a corrompus et qu'a dégradés le vice.
SUZANNE.
La pauvreté a aussi sa noblesse, je le veux bien. Mais la servitude n'engendre pas souvent ces sentiments élevés. Vous devez l'avoir observé ?
CLARISSE.
Suzanne !
LABORIE.
Pour faire de certaines observations, il faut vivre parmi les personnes qui peuvent les provoquer.
SUZANNE.
Mais Clarisse m'a dit que votre père lui-même...
CLARISSE.
Suzanne !...
LABORIE, à Suzanne.
On peut parler de mon père, qui était un brave et honnête homme!... Oui, mademoiselle, mon père fut le valet de chambre du père de votre amie Clarisse, et mon grand-père le valet de son grand-père, et mon aïeul le laquais de son aïeul... et j'en bénis le ciel, car c'est à ce lien de domesticité qui, durant un siècle, attacha ma famille à celle des Nepteuil, que je dois la mission que je remplis aujourd'hui... Êtes-vous contente, mademoiselle ?
SUZANNE.
Je n'ai pas voulu vous mortifier.
LABORIE.
Je n'en rougis pas, vous voyez.
CLARISSE.
J'espère, un jour, vous récompenser dignement, mon bon Laborie.
SUZANNE, bas.
Très-bien !
LABORIE.
Une récompense ?... vous ne me devez rien.
CLARISSE.
Je vous dois, du moins, une reconnaissance éternelle.
LABORIE.
De la reconnaissance !... à la bonne heure !... Ah ! j'avais le cœur gros... laissez-moi vous embrasser pour cette bonne parole. (Il l'embrasse au front.)
CLARISSE, riant, à Suzanne.
Ce bon Laborie, il croit que j'ai encore dix ou douze ans.
LABORIE.
Qui vous le fait supposer ?
CLARISSE.
L'habitude que vous avez conservée de m'embrasser à tout propos...
SUZANNE.
Coutume populaire...
CLARISSE.
Qu'il vous faut étudier à perdre, Laborie... ces façons pourraient plus tard choquer mon père... Nous sommes d'un monde...
LABORIE, douloureusement.
C'est juste... je n'y pensais pas... vous avez raison, Clarisse.
CLARISSE.
Nous sommes un peu les esclaves de ce monde... Par exemple, vous continuez à m'appeler Clarisse... je vous le demande à vous-même, est-ce nécessaire, est-ce convenable ?
LABORIE.
Vous avez encore raison, mademoiselle. (Il se détourne pour essuyer une larme.)
CLARISSE, à Suzanne.
Il pleure !
SUZANNE.
Mais toi-même, tu as les yeux humides et tu es plus pâle que lui !
CLARISSE.
Moi ? mais du tout !
SUZANNE.
Tant mieux, car tu aurais l'air de regretter tout ce que tu lui interdis.
CLARISSE, à part.
Que s'imagine-t-elle ?... (haut.) Laborie, vous allez voir madame Durozoir; elle vous dira ce qui s'est passé entre nous ce matin. Veuillez, je vous prie, considérer mon désir comme celui que vous devez avoir vous-même. Au revoir ! (Elle remonte la scène; Laborie paraît atterré.)
SUZANNE, à Clarisse.
Bravo ! tu dissipes mes dernières craintes.
CLARISSE, à part.
Que pouvait-elle penser ?

SCÈNE XV

Les Mêmes, puis MADAME DUROZOIR, LERDAC, PLACIDE et HORTENSE.

LABORIE, tombant sur un siège.
Ah ! comme elle m'a traité !
LERDAC, laissant passer Clarisse.
Mademoiselle...
MADAME DUROZOIR, voyant Laborie.
Ah ! (A Clarisse.) Revenez dans un quart d'heure. (Clarisse s'incline et sort avec Suzanne.)
LERDAC, à part.
Dans un quart d'heure ! tâchons de rester jusque-là.
MADAME DUROZOIR, à Laborie.
Je suis à vous, monsieur.
LERDAC.
Avant de vous quitter, madame, je désire prendre quelques notes et consigner les renseignements que vous avez bien voulu me donner.
MADAME DUROZOIR, à Hortense.
Conduisez monsieur Lerdac dans mon cabinet.
PLACIDE, les suivant.
Voudrait-il fabriquer un autre poulet doux ? (Montrant la cheminée.) A son ess! à son ess ! (Il sort sur les pas de Lerdac.)

SCÈNE XVI

MADAME DUROZOIR, LABORIE.

MADAME DUROZOIR.
Je viens de vous écrire, monsieur Laborie.
LABORIE.
Je n'ai pas oublié, madame, que je suis en retard d'une année de pension.
MADAME DUROZOIR.
En tout quatorze cent cinquante francs.
LABORIE.
Depuis onze ans que Clarisse est chez vous...
MADAME DUROZOIR.
Vous m'avez toujours payée avec exactitude, j'en conviens mais...
LABORIE.
Achevez, madame.
MADAME DUROZOIR.
Cette nouvelle situation ne peut se prolonger... Je dois... je veux rendre Clarisse à sa famille.
LABORIE.
Sa famille ?... Mais vous ne la connaissez pas.
MADAME DUROZOIR.
C'est vrai... je ne sais que ce que vous avez voulu m'apprendre. — Vous m'avez dit qu'en dix-sept-cent-quatre-vingt-douze le marquis de Nepteuil, contraint de fuir à l'étranger pour échapper à la mort, et ne pouvant emmener avec lui sa fille Clarisse, âgée de deux ans, — pauvre enfant, qui avait coûté la vie à sa mère, — l'avait confiée à votre tante, sa nourrice, et sous la garde d'Ambroise Laborie, votre père...
LABORIE.
C'est la vérité, madame.
MADAME DUROZOIR.
Vous avez ajouté que votre père était mort, victime des violences révolutionnaires; que la nourrice de l'enfant l'avait suivi dans la tombe, six ou sept ans après; qu'enfin, vous vous êtes trouvé chargé de l'orpheline, charge d'autant moins lourde, que le marquis avait laissé une certaine somme en partant pour assurer l'entretien de sa fille. Voilà ce que vous m'avez confié... et si j'ignore la famille de Clarisse, si je vois encore à savoir le lieu d'exil de son père, c'est à vous que j'en fais le reproche, monsieur, à vous, qui me l'avez obstinément caché... Donc, je ne connais et ne dois connaître que vous, qui m'avez confié Clarisse. Si j'ai à la rendre, c'est à vous que je la rendrai; si je la renvoie, c'est chez vous que je la conduirai.
LABORIE, avec terreur.
Chez moi !... Ah ! ne faites jamais cela, madame... jamais, entendez-vous, jamais !
MADAME DUROZOIR.
Et pourquoi donc ?

LABORIE.
Pourquoi ?...

MADAME DUROZOIR.
Vous faites naître en moi d'étranges soupçons par moments... Clarisse est bien la fille du marquis de Nepteuil ?

LABORIE.
Oui, oh ! oui !

MADAME DUROZOIR.
Où est le marquis ?... Oh ! répondez, monsieur Laborie... Je suis résolue à connaître toute la vérité, ou à vous rendre Clarisse aujourd'hui même.

LABORIE.
Aujourd'hui ?... — Puisque vous m'y forcez, je vais tout vous dire ; mais jurez-moi, madame, que Clarisse n'en saura jamais rien.

MADAME DUROZOIR.
Je vous le jure ! — Voyons, remettez-vous, monsieur. — Où se trouve le marquis ?

LABORIE.
Je l'ignore.

MADAME DUROZOIR.
D'où vous a-t-il écrit en dernier lieu ?

LABORIE.
Il ne m'a jamais écrit.

MADAME DUROZOIR.
Il avait donc un intermédiaire pour vous faire passer ses ordres ?

LABORIE.
Il ne m'a jamais donné d'ordre.

MADAME DUROZOIR.
Comment ! la somme d'argent laissée par lui a suffi pendant onze ans ?...

LABORIE.
Le marquis de Nepteuil n'a rien laissé.

MADAME DUROZOIR.
Rien ?... Mais depuis onze ans ?...

LABORIE.
Je travaille.

MADAME DUROZOIR.
Et c'est avec votre travail ?...

LABORIE.
Oui, madame... — La terre de Nepteuil, où nous vivions, fut confisquée. Alors, mon père nous fit partir, ma tante, Clarisse et moi, pour la Bretagne. Lui, il allait en Allemagne pour s'entendre avec le marquis à l'égard de sa fille. En passant par Paris, il chercha à voir ma mère, que son dévouement retenait au Temple, auprès de Madame Élisabeth de France. On fit à mon père un crime d'avoir voulu pénétrer dans la prison royale. Il fut arrêté, jugé, et... la Révolution compta une victime de plus.

MADAME DUROZOIR.
Pauvre jeune homme !

LABORIE.
Bientôt après, ma tante reçut une lettre de ma mère, — ma mère que je n'avais pas vue depuis l'âge de six ans, et que je ne devais plus revoir non plus ! Elle nous adressait ses adieux suprêmes : elle devait suivre mon père à l'échafaud... Vous savez le reste. (Avec effort.) Par malheur, mon père avait emporté avec lui le secret de la retraite du marquis, et ce dernier avait perdu notre trace. J'avais juré à ma tante de faire élever Clarisse de façon à ce que son père, s'il revenait, n'eût pas un jour à rougir d'elle. Voilà pourquoi j'ai choisi votre pension ; voilà pourquoi j'ai travaillé douze heures par jour, pendant onze ans ; pourquoi, il y a quatre mois, sentant ma vue s'affaiblir, j'ai pris le parti d'aller en Allemagne, où j'espérais retrouver le marquis. Mais, hélas ! j'ai presque la certitude aujourd'hui que le marquis est mort, et que cette pauvre Clarisse est deux fois orpheline !

MADAME DUROZOIR.
Mon Dieu ! que dites-vous ?

LABORIE.
Je suis de retour depuis six semaines ; ce voyage m'avait pris mes dernières ressources ; je tombai malade, mais, grâce à Dieu, me voilà guéri et tout prêt à reprendre le burin. Je rattraperai le temps perdu, soyez tranquille, et vous serez payée, madame.

MADAME DUROZOIR.
Vous n'avez plus de famille ?

LABORIE.
Pas même d'amis ; hormis une brave et excellente personne, madame Jacqueline, ma ménagère, une sorte de pauvrette qui se jetterait au feu pour moi.

MADAME DUROZOIR.
La charge que vous vous imposez est au-dessus de vos forces. Clarisse peut travailler.

LABORIE.
Elle ?

MADAME DUROZOIR.
Je voudrais assurer son avenir, mais elle est trop hautaine pour accepter jamais un emploi chez moi.

LABORIE.
Un emploi !

MADAME DUROZOIR.
Celui de mademoiselle Hortense.

LABORIE.
La sous-maîtresse ?

MADAME DUROZOIR.
Oui.

LABORIE.
Et vous donneriez cette place...

MADAME DUROZOIR.
A Clarisse... elle est très-instruite et tout à fait capable de la remplir.

LABORIE.
Mais lui proposer d'être sous-maîtresse, c'est lui dire...

MADAME DUROZOIR.
La vérité sur sa position.

LABORIE.
Oh ! non, non, plus tard... Mais songez donc au résultat que peut avoir une pareille révélation... Clarisse est si sensible, si impressionnable... Qui peut prévoir jusqu'où irait son désespoir !... Ah ! différons, différons encore !...

MADAME DUROZOIR.
J'entends Clarisse, — il faut tout lui dire, croyez-moi !

LABORIE.
Non, non !... — J'ai votre serment, madame. (Clarisse entre.)

MADAME DUROZOIR.
Elle ne peut rester chez moi que comme sous-maîtresse, ne l'oubliez pas, monsieur.

SCÈNE XVII
CLARISSE, LABORIE, MADAME DUROZOIR.

LABORIE.
Je vais lui parler !... (A Clarisse.) Vous arrivez à propos, mademoiselle... je m'entretenais avec madame Durozoir de votre avenir.

CLARISSE.
Le soin de mon avenir regarde ma famille.

LABORIE.
Sans doute... aussi me parlions-nous de votre avenir dans ce pensionnat.

CLARISSE.
Ah !

LABORIE.
Je tiens... votre famille, veux-je dire, tient beaucoup à ce que vous restiez quelque temps encore chez madame Durozoir ; mais on me présente une objection, très-flatteuse pour vous du reste. Il paraît, mademoiselle, que votre éducation est tout à fait terminée, à tel point que vos professeurs s'exposent souvent à être repris par leur élève. Vous devez comprendre la situation ridicule que vous leur créez vis-à-vis des autres pensionnaires... vous apportez enfin une sorte d'obstacle à la marche naturelle des études.

CLARISSE.
Que voulez-vous que j'y fasse ?

LABORIE.
Le moyen le plus simple d'obvier à cet inconvénient serait de suspendre vos études.

CLARISSE.
Je ne demande pas mieux.

LABORIE.
N'ayant plus rien à faire, l'ennui vous tuerait.

CLARISSE.
Je broderai, je lirai.

LABORIE.
On ne peut pas toujours lire... toujours broder... j'ai donc pensé qu'instruite et bonne comme vous l'êtes, il vous serait peut-être agréable de donner quelques soins à vos plus jeunes compagnes.

MADAME DUROZOIR, à part.
Le cœur lui donne de l'esprit.

CLARISSE.
Je ne demande pas mieux encore.

LABORIE, à part, avec joie.
Ah ! (Haut.) Seulement d'élève à élève l'obéissance n'est pas

facile... Je disais à madame : Puisque mademoiselle Clarisse est si savante, que ne lui accordez-vous la faveur de diriger une classe ?

CLARISSE.
Comment ! une classe ?

LABORIE.
Pour vous distraire !... ainsi, par exemple, mademoiselle Hortense quitte la pension...

CLARISSE.
Eh bien ?

LABORIE.
O mon Dieu ! ce regard... je n'ose achever !

CLARISSE.
Mademoiselle Hortense remplit un emploi à gages.

LABORIE.
Oui, mais madame Durozoir en ferait, en votre faveur, un emploi purement honorifique.

CLARISSE.
Eh ! qu'importe ? en passerais-je moins aux yeux de tous pour une sous-maîtresse ?

LABORIE.
Clarisse !..

MADAME DUROZOIR.
Mais, mademoiselle, j'ai été aussi sous-maîtresse, moi.

CLARISSE.
C'est possible... mais vous n'étiez pas la fille et l'héritière du marquis de Nepteuil.

MADAME DUROZOIR.
Ah ! pauvre enfant ! vous êtes bien fière d'un titre qui...

LABORIE.
C'est chose bien naturelle, madame ! — (A Clarisse, en suppliant.) Clarisse...

CLARISSE, avec hauteur.
Je crois voir en tout ceci que madame n'a eu que l'intention de blesser mon trop juste orgueil. Mais, je ne suis plus d'un âge à recevoir des leçons... vous l'avez dit vous-même, madame..., et j'ajouterai qu'il est au-dessous de moi d'en donner.

LABORIE.
Clarisse ! Clarisse ! (Elle sort.)

SCÈNE XVIII

MADAME DUROZOIR, LABORIE.

MADAME DUROZOIR.
Eh bien ! monsieur, vous voyez... Vous avez pu mesurer son orgueil !... A partir d'aujourd'hui, Clarisse ne compte plus parmi mes élèves !

LABORIE.
Eh quoi !...

MADAME DUROZOIR.
J'ai dit, monsieur.

LABORIE, à part.
Allons, il le faut !... (Haut.) Je vous enverrai demain, non-seulement ce que je vous dois, madame, mais encore le prix de quatre années d'avance... Vous aurez ainsi le temps d'habituer Clarisse peu à peu à la possibilité de son malheur.

MADAME DUROZOIR.
Mais vous, monsieur ?

LABORIE.
Moi, je partirai !...

MADAME DUROZOIR.
Mais où prendrez-vous cet argent ?

LABORIE.
Oh ! soyez tranquille... ce ne sera ni dans le vol, ni dans la honte, ni dans le crime, que j'irai le chercher. Au revoir, madame. (Il sort.)

MADAME DUROZOIR.
Quel nouveau sacrifice va-t-il encore s'imposer ?... Six mille francs !... mais où les prendra-t-il ?

SCÈNE XIX

MADAME DUROZOIR, FORBIN.

FORBIN, à part.
Il faut que je sois l'unique intermédiaire de monsieur Lerdac. (Haut.) Madame, je viens vous donner une preuve du plus absolu dévouement.

MADAME DUROZOIR.
Qu'est-ce donc ?

FORBIN.
Monsieur Lerdac désire placer chez vous une de ses jeunes parentes ?

MADAME DUROZOIR.
Oui.

FORBIN.
Eh bien, il faut l'éconduire... sous prétexte, par exemple, que vos cadres sont complets.

MADAME DUROZOIR.
Et pour quel motif ?

FORBIN.
Il est éperdument épris de l'une de vos élèves.

MADAME DUROZOIR.
Vous en avez la preuve ?

FORBIN, lui donnant une lettre.
La voilà... fort heureusement la jeune personne ignore tout.

MADAME DUROZOIR.
Mais cette lettre est sans adresse ?

FORBIN.
Monsieur Lerdac lui-même m'a chargé de la remettre à la nouvelle élève que vous m'avez confiée ce matin.

MADAME DUROZOIR.
Clarisse ?

FORBIN.
Oui, mais elle est dans la plus grande ignorance de tout ceci, je vous le répète.

MADAME DUROZOIR.
Clarisse !... Ah ! la mesure est comblée ! (Elle sonne, un Domestique paraît.) Faites atteler, et dites à mademoiselle Clarisse qu'elle se prépare à me suivre. (Le Domestique sort.)

FORBIN.
Ah ! madame ! pas de scandale ! Croyez à l'innocence de cette jeune fille, comme à la mienne propre.

MADAME DUROZOIR.
Clarisse a vingt ans... Je laisse à d'autres la responsabilité que j'assumerais en la gardant.

FORBIN.
Vos cadres sont complets, vous n'avez que cela à dire, madame.

MADAME DUROZOIR.
Monsieur Lerdac comprendra son erreur. Vous lui rendrez sa lettre toute cachetée.

FORBIN, à part.
Me voilà transformé en facteur.

SCÈNE XX

Les Mêmes, LERDAC, PLACIDE.

LERDAC.
J'ai fini, madame, et je vous réitère tous mes compliments.

MADAME DUROZOIR.
Je serais très-honorée si cette visite pouvait vous déterminer, monsieur, à me confier l'éducation de votre jeune parente.

FORBIN, à part.
Elle ne lui dit pas que les cadres sont complets... O vil intérêt personnel !

SCÈNE XXI

Les Mêmes, CLARISSE, vêtue pour sortir, SUZANNE.

CLARISSE.
Je suis prête, madame.

MADAME DUROZOIR, à Lerdac.
Excusez-moi, monsieur, si je prends si tôt congé de vous... je me vois obligée de conduire mademoiselle, que sa famille retire de pension.

LERDAC, à Placide.
Elle !

PLACIDE.
Very well !

CLARISSE.
Mais tout à l'heure encore, vous disiez...

MADAME DUROZOIR.
Je viens de recevoir une nouvelle qui me permet d'agir ainsi.

CLARISSE, bas à Suzanne.
Dans ma famille !... Enfin !... je vais donc être riche, être heureuse à mon tour... Je vais donc avoir un hôtel... des gens.... des chevaux !

SUZANNE.
Tu m'écriras ?

MADAME DUROZOIR.
Partons ! (Saluant.) Monsieur...

PLACIDE, à part.
Bonne voyège !

MADAME DUROZOIR, à Forbin.
Rendez la lettre. (Les trois femmes sortent.)

SCÈNE XXII
PLACIDE, LERDAC, FORBIN.

LERDAC, à Forbin.
Lui as-tu remis mon billet?

FORBIN.
Oui!

LERDAC.
Mais elle s'est éloignée sans avoir levé les yeux sur moi?

FORBIN.
L'émotion l'aura paralysée.

LE DOMESTIQUE, entrant.
Madame prie monsieur Forbin de l'accompagner.

FORBIN.
J'y vais.

LERDAC, retenant Forbin.
Ah!... — voici ma carte et quatre louis... tu m'apporteras tantôt l'adresse de cette jeune fille.

FORBIN.
Très-bien! (Il fait un geste de regret à Placide en montrant les louis.)

PLACIDE, à voix basse.
En voilà huit paour l'oublier!

FORBIN.
Très-bien! (A Lerdac et à Placide ensemble.) Soyez tranquilles! (Il sort.)

LERDAC.
Je suis absurde... Je n'ai qu'à suivre la voiture à distance... Viens! viens!...

PLACIDE, jetant un cri.
Oh! (Il prend Lerdac par le bras.)

LERDAC.
Qu'avez-vous?

PLACIDE.
Le sang à moa... vaous savez... j'évais yune étourdisse-monte... soutenez-moa, tjé tombe sur le parterre.

LERDAC.
Mais... Je veux!... Ah!... (On entend une voiture s'éloigner.) Par-tie!...

PLACIDE.
Very well!

LERDAC.
La voiture est partie, entendez-vous?

PLACIDE.
Oh! yès, tje commençais à entendre... voiture partie... cela était mieux... cela était mieux!

LERDAC.
Le diable soit de vous!

ACTE DEUXIÈME

Une mansarde; — murs délabrés; vieux meubles; — une porte au fond; — une porte à droite, conduisant à une chambre; — à gauche, un établi de graveur près de la fenêtre. — Au lever du rideau, Laborie est assis devant un secrétaire ouvert, des papiers à la main; il est profondément absorbé; le courtier, debout près de lui, le regarde avec étonnement.

SCÈNE PREMIÈRE
LABORIE, LE COURTIER.

LE COURTIER.
Eh bien, monsieur, les trouvez-vous, ces papiers?... ils sont absolument nécessaires à la régularisation de l'acte... (A part.) Est-il absorbé!... (Haut.) Voyons, monsieur, voyons!... c'est un rude métier, j'en conviens, que d'aller comme remplaçant courir l'Europe un fusil sur l'épaule et un sac sur le dos... mais on n'en meurt pas toujours, que diable!... et six mille francs sont bons à gagner!

LABORIE, à lui-même.
Pour accomplir de certaines choses, il faut empêcher son cœur de battre... il faut étouffer sa pensée!...

LE COURTIER.
Mille écus comptant, et trois mille francs quand vous aurez rejoint le corps... ce n'est pas à dédaigner!

LABORIE, à lui-même, en se levant.
Avec cette somme, j'assure l'existence de Clarisse pendant quatre années!... (Au Courtier ou lui remettant les papiers.) Tenez, prenez, j'irai signer ce soir!

LE COURTIER.
Ce soir!... (A part.) S'il devient jamais maréchal de France celui-là.... (Haut.) Je vais faire dresser l'acte... Je vous atten-drai jusqu'à six heures, mais pas une minute de plus, je vous en préviens... (De la porte.) Six heures, ne l'oubliez pas... (Il sort.)

SCÈNE II
LABORIE, seul.

Oui... je partirai!... Partir!... ne plus la revoir!... (Il prend un médaillon dans le secrétaire.) Son portrait!... Mon métier ne m'a paru un art que du jour où j'ai pu détacher son image de ma pensée pour la fixer là!... (Il contemple le portrait. On entend dans la rue la chanson d'un joueur de vielle.)

LE JOUEUR DE VIELLE.
Fille de Savoie
Qui m'as dit un jour :
Va-s-où Dieu t'envoie,
J'attends ton retour...
Quand donc, ma fidèle,
Nous reverrons-nous?...
Pour le rendre à celle
Qu'aimer est si doux,
Jetez quelques sous
Au joueur de vielle!

LABORIE, regardant le portrait.
Voilà bien son doux et fin sourire... ses grands yeux noirs... moins la flamme et l'esprit!... Oui, c'est bien elle! (Il reste absorbé.)

LE JOUEUR DE VIELLE, dont la voix décroît.
Pays de Savoie,
Pays des beaux jours,
Terre de la joie,
Terre des amours,
Triste est ma fidèle,
Triste loin de nous...
Pour la rendre à celle
Qu'aimer est si doux,
Jetez quelques sous
Au joueur de vielle!

LABORIE, se levant.
Va, pauvre enfant de la Savoie, va rejoindre celle que tu aimes... Va la retrouver... Tu ne chanteras peut-être plus, tu pleureras!... Comme elle m'a traité ce matin!... Je suis fou d'y penser!... L'en aimerai-je moins?... Mes yeux reviennent malgré moi à ce médaillon. (Embrassant le portrait.) Mon Dieu! mon Dieu! comme je l'aime! (Serrant vivement le portrait dans le secrétaire.) Qui vient là?... (Jacqueline entre.)

SCÈNE III
LABORIE, JACQUELINE.

LABORIE, doucement.
Ah! c'est vous, madame Jacqueline?

JACQUELINE.
Moi-même... Je sais bien que tout à l'heure en passant, vous m'avez dit bonjour mais... — J'ai votre linge à raccommoder, d'ailleurs.— Ainsi vous allez tout à fait bien?...

LABORIE, accrochant la clef du secrétaire derrière le tableau.
Vous voyez!...

JACQUELINE.
Ah! tant mieux!... Je vous ai monté un bouillon, je vais vous le donner.

LABORIE.
Non, merci, plus tard.

JACQUELINE, perdant un bouton à une varense.
Quand je vous ai vu venir, j'ai cru me trouver mal... Sa-vez-vous qu'il y avait un mois... Ah! si vous m'aviez consul-tée, vous n'y seriez pas allé, là-bas!

LABORIE.
Où donc, là-bas?...

JACQUELINE.
Où?... Mais vous croyez donc que je n'ai pas de cœur, moi... Vous croyez donc que je suis une bête brute, qui ne comprends ni ne sens rien?... Je vous observais bien, allez!... Vous étiez déjà inquiet et souffrant, avant votre voyage d'Alle-magne... Et quand je vous ai vu disparaître tout d'un coup, un matin, sans m'avoir dit adieu... je me suis dit : Il est à l'hôpital !...Ne niez pas... je m'en suis assurée... A l'hôpital!... vous !...

LABORIE.
Le beau malheur!

JACQUELINE.
Je vous aurais tout aussi bien soigné que vos infirmiers.

LABORIE.
Ma bonne madame Jacqueline!

JACQUELINE.
Mais vous êtes fier... vous aimez mieux l'hôpital que des amis!...

LABORIE, lui prenant la main.
Pardonnez-moi!

JACQUELINE, se levant.
Là!... Êtes-vous assez cachotier, dites?... Voilà neuf ans que

je fais votre menage... Oui, neuf ans... Eh bien! je ne sais pas encore où vous allez tous les dimanches... Je ne vous le demande pas... mais je vous dis que vous êtes plus cachotier que personne, voilà tout.

LABORIE.
Je vous confierai un jour ma vie... vous verrez que je ne suis pas indigne de votre amitié.

JACQUELINE, tressaillant.
Indigne de... (changeant de conversation.) Ah! voici vos chemises que la blanchisseuse a rendues... je vais les serrer. (Elle entre dans la chambre de droite.)

LABORIE, la suivant des yeux.
Ma seule amie!... La seule personne qui m'aime en ce monde, peut-être!

JACQUELINE, revenant.
Votre chambre est prête, vous savez... J'ai mis des draps blancs au lit ce matin!...

LABORIE.
Si ma mère vivait, je voudrais qu'elle vous ressemblât.

JACQUELINE.
Vous auriez plus de confiance en elle qu'en moi.

LABORIE.
Vous croyez donc que je doute de votre affection?

JACQUELINE.
Quel service m'avez-vous demandé qui me ferait croire le contraire?

LABORIE.
Je n'ai besoin de rien.

JACQUELINE.
Vous n'êtes pas heureux... je vous ai vu pleurer.

LABORIE.
Moi?... Eh bien, mes larmes voulaient dire... que je peux partir demain.

JACQUELINE.
Partir! encore?

LABORIE.
Vous l'avez dit, je ne suis pas heureux. — Je puis donc partir demain, et je le laisserai en France, à Paris, une jeune fille, une orpheline à qui j'ai juré du fond du cœur protection, dévouement, sacrifice. — Je compterai peut-être sur vous pour me remplacer près d'elle?...

JACQUELINE.
Et vous ferez bien!

LABORIE.
Vous reporteriez sur elle l'affection que vous avez eue pour moi?

JACQUELINE.
Oui.

LABORIE.
Vous seriez sa compagne, son amie, sa mère?

JACQUELINE.
Oui, sa mère... puisque cela peut vous faire plaisir.

LABORIE, lui prenant la main.
Ah!

JACQUELINE.
Et s'il fallait travailler pour elle, je le ferais... donner de ma vie pour elle, je le ferais!

LABORIE, l'embrassant.
Brave cœur, bonne amie!

JACQUELINE, à part, avec joie.
Il m'a embrassée.

LABORIE, à part.
J'ai besoin de pleurer!

JACQUELINE.
Vous sortez?

LABORIE.
Oui... je vais... je vais chercher de l'ouvrage.

JACQUELINE.
Déjà!... (Lui boutonnant sa redingote.) Couvrez-vous bien... ne rentrez pas trop tard.

LABORIE.
Soyez tranquille. (A part.) Ah! (Il sort.)

SCÈNE IV
JACQUELINE, seule.

Travailler!... n'est-il pas trop faible?... Il est bien pâle, bien changé!... Ah! l'hôpital!... Enfin!... Finissons de ranger. (Entre un Charbonnier.)

SCÈNE V
JACQUELINE, LE CHARBONNIER.

LE CHARBONNIER.
Voilà le bois que vous avez demandé, madame Jacqueline.

JACQUELINE.
Mettez-le là. (A part.) Il pourra au moins se chauffer! (Grand bruit au dehors.)

LE CHARBONNIER, courant à la fenêtre.
Qu'est-ce qui se passe? (Regardant.) Ah! des chevaux qui s'emportent...

JACQUELINE.
Un malheur!

LE CHARBONNIER.
Un homme les arrête!... Un monsieur descend de la voiture avec une jeune fille dans ses bras!

JACQUELINE.
Elle est peut-être blessée!...

LE CHARBONNIER.
Je vais voir. (Du palier.) Bon, les voilà qui montent!... (A Jacqueline.) Chez le propriétaire, sans doute! (Regardant.) Non, on passe le premier!... La mère Mitaud connaît des gens en équipage, excusez! (Regardant.) Non, on passe le second!

JACQUELINE.
Que dites-vous?

SCÈNE VI
MADAME DUROZOIR, puis FORBIN, portant Clarisse évanouie, JACQUELINE.

MADAME DUROZOIR, entrant avec précipitation.
Monsieur Laborie?...

JACQUELINE.
C'est ici.

MADAME DUROZOIR, regardant autour d'elle.
Ici!... Ne vous trompez-vous pas?...

JACQUELINE.
Non, madame.

MADAME DUROZOIR.
C'est une jeune fille évanouie... la portière est allée chercher un médecin... mais, en attendant, il faudrait...

JACQUELINE, montrant la droite.
Là, là... dans cette chambre...

FORBIN, entrant dans la chambre indiquée par Jacqueline.
Ouf! (Madame Durozoir le suit.)

JACQUELINE, seule.
La jeune fille de la pension!... Qui m'aurait dit ce matin... (A Forbin, qui sort de la chambre.) Eh bien?... (A part.) Encore cet homme!...

SCÈNE VII
FORBIN, JACQUELINE.

FORBIN, à part.
Bon, la femme à la syncope... (Haut.) Ce ne sera rien... on est en train de couper les lacets. (A lui-même.) C'est égal, une seconde corvée pareille... j'ai bien envie de m'évanouir aussi... Non... diable... on me couperait les bretelles.

JACQUELINE, après avoir regardé dans l'escalier.
Ce médecin ne vient pas! (Elle entre dans la chambre.)

SCÈNE VIII
FORBIN, la suivant des yeux.

Décidément j'ai vu ce visage-là quelque part... mais où? où?... C'est drôle... — Quelque fantaisie de jeunesse qui aura pris des rides et des cheveux blancs. (Jacqueline revient; elle se dirige vers l'escalier.)

SCÈNE IX
FORBIN, JACQUELINE.

FORBIN, l'arrêtant.
Pardon... mille pardons!...

JACQUELINE.
Je vais prévenir le médecin de ne pas se déranger.

FORBIN.
Un instant... Mais, où diable vous ai-je vue?

JACQUELINE.
Où?... mais à Chaillot... ce matin...

FORBIN.
Non, remontez plus haut.

JACQUELINE, à part.
M'aurait-il reconnue?

FORBIN.
Mes yeux se souviennent de vous, mais ma friponne de mémoire... Voyons, aidez-moi donc un peu... J'ai été un des plus jolis garçons de mon temps, savez-vous?

JACQUELINE.
Je vous crois.

FORBIN, la retenant.
Je ne dis pas cela pour vous donner des idées. Je suis en retraite. Ce petit roi d'amour, que j'ai si bien servi, ne m'a même pas fait de pension, l'ingrat! Nous n'avons jamais servi ensemble?...

JACQUELINE.
Vous êtes absurde! (Elle s'en va.)

SCÈNE X
FORBIN, seul.

Absurde!... On voit bien que je n'ai plus vingt ans. Cette petite n'en finit pas. (Prenant une prise.) Monsieur Lerdac m'a donné quatre louis... le nègre m'en a donné huit... Voyons, comment vais-je me tirer de là?... Je manquerai de parole au nègre... Je veux bien lui faire l'honneur de prendre son argent... mais ma dignité... Puis, ce serait d'une immoralité révoltante, que les nègres se missent maintenant à acheter des blancs... Allons, c'est convenu...; j'accompagne mademoiselle Clarisse, et demain, à neuf heures, monsieur Lerdac saura où elle demeure. (Entre Laborie.)

SCÈNE XI
LABORIE, FORBIN.

LABORIE, entrant, à part.
Quelqu'un?...

FORBIN, à part.
Le médecin, sans doute. (Haut.) Entrez, monsieur... La malade est à peu près remise... mais c'est égal, entrez!

LABORIE.
Une malade!... que voulez-vous dire?

FORBIN.
Une jeune fille, docteur, qu'un léger accident retient dans cette maison.

LABORIE, pâlissant.
Une jeune fille?... un accident?... (Madame Durozoir sort de la chambre.) Madame Durozoir!... c'est donc Clarisse qui est là?...

MADAME DUROZOIR.
Rassurez-vous, ce n'est rien. — Monsieur Forbin, veuillez voir, je vous prie, si la voiture est en état. (Forbin sort.)

SCÈNE XII
MADAME DUROZOIR, LABORIE.

LABORIE.
Que s'est-il donc passé?

MADAME DUROZOIR.
Rien... mes chevaux se sont cabrés au détour de votre rue... Clarisse s'est évanouie...

LABORIE.
Évanouie!... (Il va pour entrer.)

MADAME DUROZOIR.
Mais ce n'est rien, vous dis-je... elle dort en ce moment... elle a, pour ainsi dire, passé de l'évanouissement au sommeil.

LABORIE.
Ah!... (Hésitant.) Et vous allez l'emmener?

MADAME DUROZOIR.
Je venais chez vous.

LABORIE.
Chez moi?... avec elle?.. mais vous m'aviez promis...

MADAME DUROZOIR.
Clarisse est d'un âge où la garde d'une jeune fille est chose délicate, monsieur, je vous l'ai déjà dit... Je ne puis ni ne veux accepter plus longtemps cette responsabilité.

LABORIE.
Ah! mon Dieu!... mais songez donc au réveil de cette pauvre enfant, ici, dans cette mansarde!...

MADAME DUROZOIR.
Dans cette mansarde, elle sera du moins à l'abri des poursuites d'un homme...

LABORIE.
Que m'apprenez-vous?... un insolent a osé...

MADAME DUROZOIR.
Lui écrire... Clarisse l'ignore... C'est à moi qu'on a remis la lettre... mais ce scandale peut se renouveler, et je veux le prévenir en plaçant Clarisse sous votre garde.

LABORIE.
Mais Clarisse l'aime peut-être, cet homme?

MADAME DUROZOIR.
Elle ne lui a jamais parlé. Du reste, il a perdu ses traces.

LABORIE.
Ah!

MADAME DUROZOIR.
Maintenant un conseil. Avez-vous bien le droit, monsieur Laborie, de faire à Clarisse un secret de son malheur?... Ah! croyez-moi, détruisez à temps des illusions, des espérances que, plus tard, vous ne pourriez peut-être plus anéantir!...

FORBIN, revenant.
Votre voiture est prête, madame.

MADAME DUROZOIR.
Réfléchissez, monsieur Laborie, c'est la mère de famille qui vous a parlé... réfléchissez... Au revoir! (Haut, à Forbin.) Venez, monsieur Forbin.

FORBIN.
Eh bien, et mademoiselle Clarisse?

MADAME DUROZOIR.
Venez! venez! (Elle sort.)

FORBIN, à part.
Qu'est-ce que cela signifie?... Oh! je le saurai!... (Il la suit.)

SCÈNE XIII
LABORIE, seul.

Elle a raison!... je dois la vérité à Clarisse... oui, toute la vérité!... (Écoutant.) Ah! elle se réveille... elle vient!... Allons, du courage!

SCÈNE XIV
LABORIE, CLARISSE.

CLARISSE, entrant avec épouvante.
Où suis-je?... (Apercevant Laborie et se jetant dans ses bras comme pour implorer sa protection.) Oh! mon ami!

LABORIE.
Clarisse... qu'avez-vous?...

CLARISSE.
Rien... rien... une peur d'enfant... je suis chez de pauvres gens qui m'ont recueillie, n'est-ce pas?... Laborie, donnez-leur ma bourse... Mais comment êtes-vous ici? Madame Durozoir vous a fait appeler et vous êtes accouru... merci!... ce n'était rien!... J'ai eu peur, voilà tout... Mais où donc est-elle?...

LABORIE.
Qui?... madame Durozoir?... elle est sortie pendant votre sommeil.

CLARISSE.
Mon sommeil?... Ah! oui!... je me souviens... J'ai même fait un beau rêve... et c'est ici, dans ce triste et misérable réduit que Dieu me l'a envoyé... Voyez donc... chaque objet est comme empreint de tristesse... on dirait que les murs crient la faim!

LABORIE.
Vous exagérez!

CLARISSE.
Je n'eusse jamais cru que la misère pût aller si loin.

LABORIE, à part.
Mais...

CLARISSE.
Je ne saurais vous rendre l'épouvante qui s'est emparée de moi quand je me suis réveillée sous ce toit obscur, entre ces murs délabrés... C'est de l'enfantillage, je le veux bien... Mais j'ai cru un moment que je passais réellement de l'opulence à la misère, et que la riche et noble héritière des Nepteuil s'agitait convulsivement dans un galetas pour gagner son pain.... je me demandais s'il ne valait pas mieux mourir que de vivre ainsi!...

LABORIE, à part.
Ah! mon Dieu! (Haut.) Le travail est plutôt une bénédiction qu'une malédiction du ciel.

CLARISSE.
Oui, c'est possible.... mais enfin partons... sans attendre madame Durozoir... Vous le dirai-je, mon ami... ce spectacle douloureux m'attriste... Je voudrais être loin d'ici pour respirer à mon aise.

LABORIE.
Mais où voulez-vous donc que je vous conduise?

CLARISSE.
Dans ma famille... à l'hôtel de mon père...

LABORIE.
Je!... (À part.) Ah!

CLARISSE.
Mon Dieu! qu'avez-vous donc... vous chancelez?... cette pâleur!... je vais appeler...

LABORIE.
C'est inutile...

CLARISSE.
Les pauvres gens qui m'ont secourue...

LABORIE.
Nul n'habite ici que moi !
CLARISSE.
Vous !... et mon père vous a laissé... (Lui prenant la main.) Mon pauvre ami !... Mais votre sort va changer... je verrai mon père... je lui parlerai... soyez tranquille !
LABORIE.
Votre père ?...
CLARISSE.
Quoi ?...
LABORIE, se reprenant.
Je veux dire que je ne suis pas tant à plaindre, et que cette mansarde n'est pas aussi triste que vous le croyez. (Ouvrant la fenêtre.) La belle vue qu'on a d'ici ! voyez... on domine Paris... et ces murs qu'on aperçoit là-bas, été comme hiver, sont recouverts d'un tapis de verdure... du feuillage pour reposer ses yeux, des oiseaux qui chantent, un air pur et le ciel bleu... Que de gens vont bien loin pour en avoir autant !... — Voilà ma petite chambrette, mademoiselle Clarisse, et, si vous le vouliez, vous pourriez attendre votre père quelques jours ici ?
CLARISSE.
Comment ?
LABORIE, vivement.
Tout serait réparé, meublé, embelli en un tour de main. Tout en vous parlant j'y pensais. Tenez, une belle petite tenture en étoffe de Perse... hein ?... Vous aimez les fleurs... eh bien ! vous en auriez !... (En riant.) Il est bien entendu que j'irais loger ailleurs, moi. — Enfin, des rideaux de mousseline, deux fauteuils-bergères et un bon sopha en étoffe pareille aux meubles ; — c'est si frais et si joli, la perse ! — Là, une table à ouvrage... de bons livres dans ce coin, sur une étagère... ici, deux statuettes... — sur la cheminée, enfin, une jolie glace, où se mireraient les flambeaux, deux vases en porcelaine ornés de bruyère, et la petite pendule dorée !... ce ne serait pas trop laid... Ah ! j'oubliais !... dans cet angle, un clavecin. — Vous feriez de la musique... — vous êtes si bonne musicienne !... le temps passerait vite ainsi, je vous assure !... Qu'en dites-vous ?
CLARISSE.
Ces dépenses sont inutiles... Pourquoi ne pas me conduire tout de suite chez mon père ?...
LABORIE.
Votre père ne vous attend pas encore.
CLARISSE.
Mais, pourquoi m'avoir fait sortir de pension ?
LABORIE.
Madame Durozoir vous a conduite ici malgré moi.
CLARISSE.
Malgré vous ?... et malgré ma famille ?... cela n'est pas vraisemblable, Laborie, vous me trompez ?
LABORIE.
Oh ! mademoiselle.
CLARISSE.
On m'aurait donc chassée ?
LABORIE.
Non, non !... Madame Durozoir craint de n'être pas payée régulièrement.
CLARISSE.
Ah !... — Et d'où lui vient cette crainte ?... Vous vous taisez ?... mais en vérité, monsieur, vous me traitez trop en enfant... On m'offrait, ce matin, une place de sous-maîtresse ; à présent, on m'offre une mansarde... vous conviendrez que c'est étrange... Voyons, monsieur, quel malheur me cachez-vous ?...
LABORIE.
Aucun ! Aucun ! (A part.) Elle en mourrait !
CLARISSE.
Mon père vit, n'est-ce pas ?
LABORIE.
Oui, oui !
CLARISSE.
Quel lieu habite-t-il ?...
LABORIE.
Ce secret n'est pas le mien.
CLARISSE, allant s'asseoir.
Fort bien... Dieu m'a fait cette existence singulière d'être l'héritière de l'une des plus grandes maisons de France et de n'avoir qu'à obéir... j'accepte ma destinée sans me plaindre. — Combien de temps dois-je attendre ?...
LABORIE, à part.
Ah ! mon Dieu !
CLARISSE.
Est-ce encore un secret ?

LABORIE.
Du tout... mais du tout... un ou deux jours seulement.
CLARISSE, prenant un livre.
Bien, laissez-moi, je vous prie. (Faisant semblant de lire.) Il me cache un malheur !
LABORIE, à part.
Elle me hait maintenant !
CLARISSE, à part.
Il craint peut-être mon désespoir !... Oh ! je veux tout savoir !
LABORIE.
Vous n'avez besoin de rien... mademoiselle ?...
CLARISSE.
Je vous croyais parti... — Non, rien. (Laborie salue et veut se retirer.) Encore un mot !... — J'ai mes petites cruautés d'enfant gâté, mes caprices et mes injustices de jeune fille, dont je rougis, Laborie. Ce matin, je vous faisais presque pleurer devant Suzanne, tout à l'heure encore je vous ai blessé... pardonnez-moi !...
LABORIE.
Ah ! Clarisse !... un mot de vous rachète bien des larmes !...
CLARISSE.
Vous êtes bon. (Lui présentant une chaise.) Maintenant causons, le voulez-vous ?... — Je ne vous ferai qu'une question à laquelle je vous prie de répondre franchement, loyalement, brutalement même, s'il le faut... j'aurai le courage de vous entendre. — Asseyez-vous... je vous en prie. — (s'asseyant.) Vous me croyez faible, sans énergie, une sorte de petite évaporée toute enfiévrée de vanité et entichée de sa noblesse. Vous vous trompez. Si un malheur me frappait, et que je fusse un jour contrainte au travail par la nécessité, je ne dis pas que j'en serais heureuse, mais j'y apporterais une âme chrétienne ; je me souviendrais surtout que nous ne sommes plus au temps où l'orgueil et la dignité de gagner soi-même son pain étaient regardés comme un opprobre.
LABORIE, à part.
Que dit-elle ?
CLARISSE.
Le travail, comme vous me le disiez, est plutôt une bénédiction qu'une malédiction du ciel.
LABORIE, à part.
Est-ce un rêve ?
CLARISSE.
Je ne serais pas la première fille noble que le sort aurait condamnée à la pauvreté. Je brode, je suis bonne musicienne, j'ai de l'instruction... que faut-il de plus pour se suffire à soi-même ? Je ferai comme tant d'autres, je vivrai honorablement de mon travail.
LABORIE, avec joie, à part.
Ah !
CLARISSE.
Vous pouvez parler, vous voyez, c'est une femme courageuse qui vous en prie.
LABORIE.
Oh ! la noble fille !
CLARISSE.
Ma famille est sans ressources, n'est-ce pas ?...
LABORIE.
Non... mais...
CLARISSE.
Nous sommes ruinés, n'est-il pas vrai ?... j'attends mon arrêt avec calme.
LABORIE.
Ah ! vous êtes un grand et noble cœur ! Votre courage me donne la force de tout vous dire... Votre père...
CLARISSE.
Achevez ?...
LABORIE.
Votre père a disparu, nul ne sait où il est, et la dernière année de votre pension est due ! (Vivement.) Mais je vous reste, moi, Clarisse... vous aurez ce soir six mille francs qui vous permettront d'attendre... vous vous acquitterez envers madame Durozoir... vous travaillerez... Jacqueline vous aidera et vous aimera comme une mère... votre vie ne sera pas absolument triste ainsi... elle sera peut-être pénible, mais non désespérée... n'est-il pas vrai ?
CLARISSE.
Oui... oui !... Au fait, cette mansarde qui m'effrayait il y a un moment, me sourit presque à cette heure.
LABORIE, portant les mains à ses yeux.
Ah ! mon Dieu !
CLARISSE.
Qu'avez-vous donc ?

LABORIE.
Votre résignation me fait pleurer!

CLARISSE, s'efforçant de sourire.
Je ne suis pas si résignée à mon sort que cela. Vous m'avez parlé d'une tenture, de quelques meubles, j'accepte.... Mon Dieu! je suis femme... puis-je les avoir sur-le-champ?

LABORIE.
Oui, oh! oui. (A part.) Et j'hésitais à me vendre!... mais je vendrais mon âme avec joie... oui mon âme, ma vie, mon sang pour lui épargner un regret!... (Six heures sonnent. A part.) Six heures!... Il en est temps encore, ce courtier m'attend!... (Haut.) Je vais trouver le tapissier... (A part.) Oh! oui, tout, tout pour elle! (Il sort.)

SCÈNE XV
CLARISSE, seule.

Seule enfin!... cette comédie de courage m'étouffait!... Il a cru à ma résignation!... me résigner!... au froid, à la faim, à la misère... moi la dernière des Nepteuil!... Je serais en guenille, et Suzanne irait en équipage et m'éclabousserait en passant!... Oh! jamais!... de certains noms peuvent disparaître, mais ils ne doivent pas tomber!... — Suzanne est ma seule amie après tout, écrivons-lui!... elle me comprendra du moins!... (Elle se met à la table et écrit. Jacqueline entre.)

SCÈNE XVI
CLARISSE, JACQUELINE.

JACQUELINE.
Monsieur Pierre m'a dit de monter?

CLARISSE, écrivant.
Bien! bien!...

JACQUELINE.
Souffrez-vous?

CLARISSE, tout en écrivant.
Non!... (Cachetant sa lettre.) Madame Jacqueline... — c'est ainsi qu'on vous nomme, n'est-ce pas?

JACQUELINE.
Oui, mademoiselle.

CLARISSE.
Je vous remercie des soins que vous m'avez donnés, madame Jacqueline. Tenez, gardez cette épingle en souvenir de moi... (Comme se rappelant.) Ah!... je vous prie de faire parvenir cette lettre à son adresse.... Puis-je compter sur vous?....

JACQUELINE.
Bien certainement, mademoiselle.

CLARISSE.
Mon chapeau!... mon châle!

JACQUELINE.
Je vais vous les chercher.... ils sont là... (Elle entre dans la chambre de droite.)

CLARISSE, seule.
En une minute, j'ai assisté à l'écroulement de toutes mes espérances, de tous mes rêves!... un mot m'a faite l'ombre de moi-même!... Et on me parle de résignation, de travail!... Est-ce que j'ai appris à travailler, moi?... Dieu aurait dû mesurer mon courage et ma force à l'étendue de mon malheur! (Elle va pour sortir et s'arrête à la voix du joueur de vielle qu'on entend. — Avec une ironie amère.) Il chante!... il chante!... Ah! (Elle s'élance au dehors.)

LE JOUEUR DE VIELLE.
Fille de Savoie,
Qui m'as dit un jour:
Va-s-où Dieu t'envoie,
J'attends ton retour.
Quand donc, ma fidèle,
Nous reverrons-nous?...
Pour le rendre à celle
Qu'aimer est si doux,
Jetez quelques sous
Au joueur de vielle.
(Jacqueline revient un châle et un chapeau à la main.)

SCÈNE XVII
JACQUELINE, entrant.

Je ne trouvais pas le chapeau... Voilà, mademoiselle... Où donc est-elle?... sortie!... n'est-elle pas un peu folle, cette enfant?... (Fermant la fenêtre, après avoir jeté un sou au chanteur.) Bon, il neige!.... — Mais pourquoi l'a-t-on amenée et laissée ici?... (Regardant la lettre.) A Chaillot!... Encore cette maison!... — Non!... j'enverrai le concierge... (Entre Laborie.)

SCÈNE XVIII
LABORIE, JACQUELINE.

LABORIE, entrant.
J'ai à vous parler, Jacqueline... (A part.) C'est fait!... l'acte est signé... Je pars demain!... Allons, tout est pour le mieux! (Haut.) Que vous disais-je, Jacqueline?

JACQUELINE.
Vous ne m'avez encore rien dit.

LABORIE.
Ah! (A part.) Je ne la reverrai plus!... Six ans!... Elle se mariera!... Eh bien, tant mieux!

JACQUELINE, à part.
Comme il est pâle aussi lui!... Que se passe-t-il donc? (Haut.) Qu'aviez-vous à me dire?

LABORIE.
Moi?... rien.... Ah! pardon.... (A part.) Ne plus la revoir! (Haut.) Madame Jacqueline, vous souvenez-vous de ce que je vous disais à propos d'une jeune fille qu'il me faudrait peut-être placer sous votre garde?... Eh bien! cette jeune fille...

JACQUELINE.
Je devine... C'est celle qui était ici tout à l'heure?...

LABORIE.
Qui était ici, dites-vous?... Elle est donc sortie?

JACQUELINE.
Oui...

LABORIE.
Sortie!... (Il va regarder dans la chambre et revient.) Elle n'y est plus!... La chambre est vide!... Et où est-elle allée?

JACQUELINE.
Je ne sais!

LABORIE.
Quel air avait-elle?

JACQUELINE.
L'air agité!

LABORIE.
Elle ne vous a rien dit?

JACQUELINE.
Elle m'a demandé son chapeau, son châle, j'ai été les chercher, et, pendant ce temps, elle est sortie...

LABORIE.
Ah! quel pressentiment!... Et vous ne l'avez pas suivie!...

JACQUELINE.
Elle était partie, vous dis-je, et sans me dire s'il fallait porter sur-le-champ cette lettre.

LABORIE.
Une lettre?... à qui?...

JACQUELINE.
A mademoiselle Suzanne de la Tour Chantel, à Chaillot.

LABORIE, lui arrachant la lettre.
Donnez! (A part.) En touchant cette lettre, j'ai senti comme une commotion au cœur! (A Jacqueline.) Et que vous a-t-elle dit encore?

JACQUELINE.
De garder cette épingle en souvenir d'elle.

LABORIE.
Cette épingle!... Mais c'était un adieu!... Un adieu!... Ah! ma pauvre tête!... Ah! la vérité, la vérité plutôt!... (Il décachète la lettre.)

JACQUELINE.
Que faites-vous?...

LABORIE, avec égarement.
Parbleu! vous le voyez bien! (Poussant un cri, après avoir lu quelques lignes.) Ah!... Elle!... mourir!... se tuer!... la misère... l'orgueil... le... Ah!... courons!... De quel côté?... Ah! je succombe!... (Il tombe dans les bras de Jacqueline.)

JACQUELINE.
Monsieur Pierre!

LABORIE.
Conduisez-moi!...

JACQUELINE.
Mais où donc?

LABORIE.
Où?... Eh! le sais-je!... moi!... Mourir!... me quitter!... Vous ne comprenez donc pas?... Mais je l'aime, moi, je l'aime!

JACQUELINE.
Calmez-vous! calmez-vous!

LABORIE.
Eh bien! oui, tenez, je suis calme!... Mais, que faut-il faire?... le savez-vous?... (Avec colère.) Non, vous ne savez rien!... Elle ne sait rien, cette femme, et elle me parle!.... Mon Dieu! mon Dieu! mon Dieu!

JACQUELINE.
Vous vous alarmez peut-être à tort!
LABORIE.
Elle veut mourir... lisez, lisez!... Mourir!... et vous l'avez laissée partir!... et vous n'avez pas vu dans ses yeux son funeste projet?... Est-ce qu'on peut vouloir mourir sans que cela se voie?...
JACQUELINE.
Monsieur Laborie!...
LABORIE, la repoussant.
Ah! sortez, laissez-moi, vous me faites horreur!
JACQUELINE, tombant à ses pieds.
Ah! ne me chassez pas!...
LABORIE, la relevant avec emportement.
Eh! mon Dieu! vous pleurerez demain... Il s'agit bien de larmes maintenant!.... (Sanglotant.) Mon Dieu! mon Dieu! Voyons, quel chemin a-t-elle pris?
JACQUELINE.
Je l'ignore!
LABORIE.
Ah! elle est perdue!... Mon Dieu! inspirez-moi, mon Dieu! conduisez-moi! (Il s'élance au dehors.)
JACQUELINE.
Il m'a maudite!

ACTE TROISIÈME

PREMIER TABLEAU

Clair de lune; effet de neige. — La pointe de l'île Saint-Louis. — Au fond, Notre-Dame; au premier plan, à gauche, une maison en construction; deuxième plan, une rue. — A droite, deuxième plan, la maison du courtier militaire; troisième plan, au fond, la rampe de l'abreuvoir et le parapet.

SCÈNE PREMIÈRE

UN DOMINICAIN, UN OUVRIER, UN MENDIANT, puis LERDAC et FORBIN. — (Le Dominicain, l'Ouvrier et le Mendiant entourent une jeune fille morte, étendue sur les pierres de la maison en construction. — Lerdac et Forbin arrivent l'un par la gauche, l'autre par la droite.)

L'OUVRIER, laissant retomber le bras de la morte.
Elle est morte!
FORBIN, allant à Lerdac.
Ah!... Je viens de chez vous... j'ai à vous parler!
LERDAC, montrant la maison du Courtier.
Je monte un instant là pour savoir si l'on m'a enfin trouvé un remplaçant.
FORBIN.
Non, restez, la chose en vaut la peine. (Ils causent bas.)
LE MENDIANT, à l'Ouvrier.
Oui, bien morte!... Ah! dame, depuis vingt ans que je suis ici; j'en ai bien vu de ces malheurs-là. (Il s'en va à sa place.)
L'OUVRIER, au Dominicain après avoir remis sa blouse.
Je vais prévenir les autorités... vous veillerez près d'elle. (Il se dirige vers la droite.)
LE MENDIANT, bas à l'Ouvrier.
Tu n'as pas perdu ta journée, tout de même. (Il montre la morte.)
L'OUVRIER.
Dame, c'est vingt-cinq francs.
LE MENDIANT.
Et c'est toujours bon à prendre, n'est-ce pas?... Mais écoute, petit... c'est moi qui t'ai montré le corps, nous partagerons?...
L'OUVRIER.
Partager?... farceur, va!... et mon rhume, le partageons-nous?... il est trop fort... (Il s'en va.)
LERDAC, à Forbin.
Madame Durozoir t'a dit cela!
FORBIN.
Oui, en retournant à Chaillot.
LERDAC.
Comment, Clarisse...
FORBIN.
Est chez un nommé Laborie, rue Saint-Sauveur.
LERDAC.
Plus d'amour, plus d'amourette, Forbin... il s'agit maintenant de quarante mille francs de rente que je perdrai si Placide retrouve cette jeune fille... Quarante mille francs de rente, comprends-tu? et je suis une seconde fois ruiné!
FORBIN.
Je m'y oppose!

LERDAC.
Bien. Il faut qu'elle disparaisse quinze ou vingt jours...
FORBIN.
Elle disparaîtra alors!... Une bonne voiture, un cocher dévoué, et je réponds du reste!
LERDAC.
Viens, viens! (Ils s'éloignent.)
LE MENDIANT.
L'île Saint-Louis est déserte!... (Regardant autour de lui.) Il est à peine sept heures, et pas un chat!... (Soufflant dans ses doigts.) Sapristi! quelle Sibérie!... Tous ces brigands de Parisiens restent au coin de leur feu avec mesdames leurs épouses... ils font le carnaval en tête-à-tête!... Bon, en voilà un! (Laborie arrive par le quai, traverse rapidement le théâtre, regarde par-dessus la rampe de l'abreuvoir, puis remonte le quai.) Que cherche-t-il donc, celui-là? (Laborie, comme un homme qui aperçoit quelque chose au loin, s'élance et disparaît.) Il s'en va! je suis volé! (Il va regarder.) Non! (Il va se mettre à sa place. Laborie reparaît, cherchant toujours.)

SCÈNE II

LE MENDIANT, LABORIE, LE DOMINICAIN.

LE MENDIANT, tendant son chapeau.
Ayez pitié, mon bon monsieur, ayez pitié d'un pauvre infirme!
LABORIE.
Tenez, priez pour elle! (Fausse sortie.)
LE MENDIANT.
Cent sous!... je n'ai pas perdu ma journée non plus!... Il revient!... il va me dire qu'il s'est trompé!...
LABORIE, au Mendiant.
L'avez-vous vue?
LE MENDIANT, à part.
Ah! je respire!
LABORIE.
L'avez-vous vue?
LE MENDIANT.
Qui?
LABORIE.
Une jeune fille... dix-neuf à vingt ans... vêtue de gris?
LE MENDIANT.
Vêtue de gris? (A part.) C'est la pauvre morte.
LABORIE.
L'avez-vous vue?
LE MENDIANT, à part.
Le pauvre garçon!... (Haut.) Oui, mon bon monsieur, j'ai vu une jeune fille descendre la rampe de l'abreuvoir.
LABORIE.
A la Seine?
LE MENDIANT.
J'en ai peur!... Elle était toute bouleversée.
LABORIE.
Ah! grand Dieu! (Il s'élance et disparaît.)
LE MENDIANT.
Il ne la voit pas!... n'importe, ça le préparera à son malheur... Décidément j'ai trop froid!... je vais prendre un petit canon, ça me réchauffera. (Il s'en va par la droite. Placide et le Courtier arrivent par le quai.)

SCÈNE III

PLACIDE, LE DOMINICAIN, LE COURTIER.

LE COURTIER.
Voilà ma maison... Je vais vous remettre l'acte signé par le remplaçant de monsieur Lerdac.
PLACIDE.
Yes... puisque c'est moi qui ai remis à vous les six mille franques. (Apercevant la morte.) Ah! (Il s'approche.) C'était yune morte!
LE COURTIER.
Quelque petite drôlesse qui aura trouvé son pain trop dur ou sa robe trop courte... Venez!
PLACIDE.
C'était peut-être une pauvre fille que la misère il évait tuée. (Il essuie une larme.) Oh! c'est baoucoup triste! Quand je voyais de ces choses-là, je pensais toujours à la pauvre fille de mon maître que je cherchais...
LE COURTIER.
Venez donc... s'il fallait pleurer la mort de tout le monde, la vie n'y suffirait pas.
PLACIDE.
Oh! c'est égal, c'était triste, baoucoup triste! (Ils rentrent dans la maison. Laborie reparaît, il se traîne à peine.)

SCÈNE IV

LABORIE, LE DOMINICAIN.

LABORIE.

Rien!... le vent gémit... le fleuve pleure... toute la nature semble enveloppée d'un linceul!... Ah! chaque bouffée de vent, chaque goutte d'eau, chaque pierre me crie mon malheur!... Mais où est-elle, mon Dieu, où est-elle?... elle est peut-être déjà morte! (Apercevant le Dominicain, et allant à lui.) Ah! mon père, je suis un pauvre malheureux qui crains de douter de la bonté et de la justice de Dieu... qui crains de le maudire... qui crains de... (Apercevant la morte.) Ah! (Au Dominicain.) Mon père... là!... cette robe grise... cette femme?...

LE DOMINICAIN.

Une pauvre jeune fille qui a manqué de foi et qui a désespéré de la vie, mon fils!

LABORIE.

Une jeune fille?

LE DOMINICAIN.

Vingt ans à peine!

LABORIE.

C'est elle!... ah! mon Dieu!... c'est elle!

LE DOMINICAIN.

Le malheureux!

LABORIE.

C'est fini!... Elle!... Clarisse!... si jeune!... morte!... Mais non, c'est impossible!... je veux la voir!... (S'arrêtant.) Je n'ose pas!... je ne pourrais plus douter... je ne pourrais plus espérer!... N'importe!... Oui, lâche! ose avoir le courage de ton malheur!... oui... malheureux! ose être aussi désespéré que le ciel l'a voulu!... (A la morte, sans oser y toucher.) C'est donc toi, Clarisse!... voilà donc tout ce qui me reste de tes vingt ans et de ta beauté! Oh! je veux mourir ici, à cette place, sur ton cœur, à tes pieds! (Il tombe à genoux près du cadavre.) On nous emportera ensemble!... et qui sait? par pitié, nous coucherons peut-être dans le même tombeau!... Clarisse! m'entends-tu?... (Il relève le voile qui recouvre la morte et pousse un cri en se relevant.) Ah!... (Avec crainte.) J'ai mal vu... j'aurai mal vu... je suis, sans doute, devenu fou!... (Il soulève de nouveau le voile, avec une joie folle.) Ce n'est pas elle!... (Au Dominicain.) Mon père, ce n'est pas elle... ce n'est pas elle, mon père!...

LE DOMINICAIN.

Contenez votre joie, vous êtes devant une morte.

LABORIE.

Oui... oui!... Ah! pourvu que Dieu ne me punisse pas de ce mouvement de joie impie!... Je me repens, mon père!... mais je croyais que c'était l'enfant que j'ai élevée et qui s'est enfuie de ma maison pour mourir!... j'espère qu'on Dieu pour la sauver... Priez pour moi, mon père!... (Il remonte vers le parapet, et revient aussitôt sur ses pas.) Non... ce mendiant m'a dit qu'elle était descendue à la pointe de l'île... je vais encore y aller!... (Au Dominicain.) Vous pouvez la rencontrer, mon père... vous la reconnaîtrez à sa robe grise... parlez-lui de Dieu!... sauvez-la! sauvez-la!... (Revenant sur ses pas.) Vous la sauverez, n'est-ce pas?... En attendant priez pour elle! priez pour moi!... (Il se dirige vers la rampe; en ce moment le mendiant revient, entre et en tendant son chapeau. Laborie descend sans le regarder et disparaît.)

LE DOMINICAIN.

Oui, je prierai... la prière est l'envoyé de la pitié!

LE MENDIANT.

Il m'a reconnu!... — Bon, j'ai l'onglée, maintenant!... je suis dans un courant d'air aussi... que je suis bête! — Allons, décidément il fait trop froid, je ferme boutique, je rentre chez moi!... Je prendrai un second petit verre en passant. (Il s'éloigne ; Clarisse arrive du côté opposé, pâle, en désordre.)

SCÈNE V

LE MOINE, CLARISSE.

CLARISSE.

Oui! il faut en finir!... Cette rampe conduit à l'eau... je fermerai les yeux et me laisserai glisser... oui... oui... (Reculant en apercevant le Dominicain.) Un prêtre!... Non, pas devant lui!... j'aurais l'air de braver Dieu!... (Elle se dirige du côté opposé, et recule devant l'Ouvrier qui revient précédé d'un Magistrat et suivi d'hommes portant une civière. Laborie reparaît; il s'appuie sur la rampe pour ne pas tomber en apercevant Clarisse.)

LABORIE, à part.

C'est elle!... Ah! comme la joie fait mal!

CLARISSE, avec terreur en voyant arriver la civière.

Qu'est-ce encore que cela?

SCÈNE VI

LES MÊMES, LE MAGISTRAT, LES HOMMES.

L'OUVRIER, au Magistrat, en lui montrant la morte.

La voilà!

CLARISSE.

Une morte!

LE MAGISTRAT, aux hommes.

Enlevez. (On met la morte sur la civière et on l'emporte.)

SCÈNE VII

LE DOMINICAIN, CLARISSE, LABORIE.

CLARISSE, à part.

On m'emportera ainsi demain!... moi! (Cachant sa tête dans ses mains.) Oh!

LABORIE, à Clarisse.

Le sentiment d'épouvante et d'horreur qui vous saisit est la condamnation même du suicide. C'est toujours un acte coupable que celui qu'on n'ose regarder en face. Malheur à qui détruit l'union de la vie, l'harmonie de la mort!... malheur à qui déserte le poste où Dieu l'a mis!... celui-là s'est lâchement dévoué à sa part d'épreuves et de soucis... celui-là semble dire à Dieu : Je te brave et je meurs... celui-là conseille aux hommes la défaillance et l'impiété!... (Au Dominicain.) N'est-il pas vrai, mon père?

LE DOMINICAIN.

C'est vrai.

CLARISSE, avec épouvante.

Oh!

LABORIE.

Cette pauvre fille qui était là s'est tuée... mais sa fin n'est-elle pas déjà son plus cruel châtiment?... Moi-même j'ai profané tout à l'heure sa dépouille par un mouvement d'oubli égoïste. Pas un ami, pas un parent... aucune pitié, aucun regret autour d'elle... l'impatience de l'emporter, voilà tout!... Et en chemin, rien de plus : ces curieux, des indifférents, du dégoût, Dieu qui se retire, les églises fermées, la terre sainte qui la repousse, car les chrétiens de nos morts seraient mal à l'aise à côté de celle que Dieu n'a pas appelée et qui est morte!

CLARISSE.

Mon Dieu!

LABORIE.

Elle a commis le crime du désespoir, on l'ensevelira parmi ceux qui n'ont plus d'espérance...

CLARISSE.

Sainte mère de Dieu!

LABORIE.

Elle a manqué à l'appel des vivants, elle sera rejetée de la communion des morts!... N'est-ce pas, mon père, n'est-ce pas?

LE DOMINICAIN.

Oui, mon fils!

CLARISSE, tombant sur ses genoux.

Je suis maudite!..

LE DOMINICAIN, la relevant.

Non, mon enfant, non! — je ne vous demande pas vos secrets, mais ne regardez pas uniquement en vous. La douleur a son enivrement comme la joie. J'ai eu aussi mes heures de défaillance, mais j'ai crié à Dieu : Sauvez-moi! et Dieu m'a sauvé.

LABORIE, suppliant.

Clarisse? Clarisse?

CLARISSE.

Pardonnez-moi, mon père!... (A Laborie.) Je vivrai!

LABORIE, lui sautant au cou et l'embrassant.

Ah! merci... (Vidant ses poches dans les mains du Dominicain.) Voici pour vos pauvres, mon père, voici, voici! (Baisant les mains de Clarisse.) Oh! Clarisse, si vous saviez ce que j'ai souffert!... Grand Dieu! vos mains sont glacées!

CLARISSE.

Ce n'est rien.

LABORIE.

Une voiture... Vite!... Ah!... (Appelant.) Cocher! cocher!... (Une voiture s'arrête.)

CLARISSE.

Toute une vie nouvelle s'est révélée à moi.

LABORIE.

Appuyez-vous sur moi! (Il la conduit à la voiture, la fait monter et veut fermer la portière.)

CLARISSE.

Eh bien! et vous?

LABORIE.

Moi?... Oh! merci... j'ai besoin d'air, je me mettrai près du cocher. (Fermant la portière, au Cocher.) Numéro 44, rue Saint-Sauveur.

CLARISSE, vivement.
Non, non!... à une église d'abord... Allons prier pour la morte!

LABORIE.
Noble cœur!... (Au Cocher en montant.) A Notre-Dame!

LE DOMINICAIN.
Elle méritait de vivre!

DEUXIÈME TABLEAU
SCÈNE VIII
JACQUELINE, LABORIE, CLARISSE.

JACQUELINE, seule, entrant.
Personne!... (Elle court à la petite chambre.) Personne!... J'ai couru en vain à leur recherche!... — Pauvre Pierre!... — Ah!... j'entends sa voix... (Elle va à la porte.) La jeune fille est avec lui!... Ah! Dieu est bon! (Laborie entre donnant le bras à Clarisse.)

LABORIE, à Clarisse.
Mettez-vous là... près du feu... et réchauffez vos petits pieds...

CLARISSE.
Vous pensez à tout...

LABORIE.
Moi?...

CLARISSE, grave.
Vous êtes bon... profondément bon!

LABORIE.
Oh!... comme tout le monde.

CLARISSE.
Non, comme personne...

LABORIE, très-ému.
Mais... je... (Pour cacher son trouble.) Du bois, Jacqueline, du bois...

JACQUELINE.
Voilà!...

LABORIE, à lui-même.
Allons, ne vas-tu pas pleurer comme un enfant maintenant... et sans savoir pourquoi? (Il remonte.)

CLARISSE.
Où allez-vous?...

LABORIE, à lui-même.
Ne l'attristons pas par mes larmes. (Haut.) Je vais chez le tapissier que je n'ai pas trouvé tantôt.

CLARISSE.
Non, c'est inutile... cette chambre est bien... très-bien... je m'y plais.

LABORIE.
Vous vous y plairez encore mieux demain... Laissez-moi faire... dans une heure, je viendrai vous dire un dernier bonsoir... et puis j'irai demander l'hospitalité à madame Jacqueline.

JACQUELINE.
A moi?

LABORIE.
Oui, vous avez deux chambres, j'en prends une... (A Clarisse.) A tout à l'heure.

CLARISSE.
Je remercie Dieu... Dieu... et vous!...

LABORIE.
Clarisse!... (A part.) Oh!... mon courage!... et je ne la reverrai plus demain!... demain!... oh! (Il sort.)

SCÈNE IX
CLARISSE, JACQUELINE.

CLARISSE, à part.
Quelle transformation s'est opérée en moi!... (Haut.) Madame Jacqueline, pourrez-vous m'avoir bientôt de l'ouvrage?

JACQUELINE.
Demain matin, si vous voulez?

CLARISSE.
C'est cela... nous irons ensemble!... vous me recommanderez.

JACQUELINE.
Que monsieur Pierre serait heureux s'il vous entendait!

CLARISSE, vivement.
Vous croyez?... (Changeant de conversation.) Il y a longtemps que vous le connaissez?...

JACQUELINE.
Monsieur Pierre?... oh! depuis neuf ans... je l'ai vu presque grandir, et d'ouvrier devenir un vrai artiste.

CLARISSE.
Un artiste?

JACQUELINE.
Mais sans doute... voyez plutôt. (Elle décroche un tableau, une clef tombe, Clarisse la ramasse.) Oh! ce n'est rien, c'est la clef du secrétaire, mettez-la sur la chaise, je l'accrocherai. (Lui montrant la gravure.) Regardez!

CLARISSE.
Ce dessin est de lui?...

JACQUELINE.
Mais oui!

CLARISSE.
Le joli dessin!... les belles lignes!... (Pénétrée.) Oui, c'est d'un vrai artiste, comme vous disiez!... (Elle lui rend le tableau.)

JACQUELINE.
Il fait ce qu'il veut, voyez-vous... il cache un petit médaillon dans ce secrétaire, je parie que c'est un chef-d'œuvre.

CLARISSE.
Un portrait?

JACQUELINE.
Oui.

CLARISSE.
Vous l'avez vu?...

JACQUELINE.
De loin.

CLARISSE.
Un portrait de femme, peut-être?...

JACQUELINE, accrochant le tableau.
Peut-être.

CLARISSE, prenant la clef.
Voyons, voyons! (S'arrêtant au moment d'ouvrir le secrétaire.) Qu'allais-je faire?... non, ce serait mal payer son hospitalité... Ses secrets ne m'appartiennent pas. (On frappe.)

JACQUELINE.
Entrez!... (Elle va ouvrir, Forbin se présente.)

SCÈNE X
LES MÊMES, FORBIN.

FORBIN, à part, sans voir Clarisse.
Encore cette femme!... un vrai cauchemar!... Mais où diable l'ai-je donc vue?... N'est-ce pas à se briser la tête contre un pavé?... j'ai son nom sur le bout des lèvres.

CLARISSE.
Que demandez-vous, monsieur?

FORBIN, se retournant.
Ah! pardon, mademoiselle, pardon.

CLARISSE.
Monsieur Forbin!

FORBIN.
Moi-même.

JACQUELINE, à part.
J'ai peur de cet homme.

FORBIN.
Je viens vers vous de la part de madame Durozoir.

CLARISSE.
Madame Durozoir a pensé à moi?

FORBIN.
Mais elle vous aime comme une mère. Elle m'a prié de venir vous le dire.

CLARISSE.
Je suis très-touchée de cette marque d'intérêt, monsieur Forbin.

FORBIN, à part.
Elle est émue, ça ira tout seul. (Haut.) Oui, elle vous aimera comme une mère. Elle ne peut se faire à l'idée de vous savoir pauvre et seule dans cette mansarde... Enfin elle vous demande, elle vous attend, et sa voiture est en bas.

CLARISSE.
Que dites-vous?

FORBIN.
Vous serez sa compagne, sa fille, sans qu'il en coûte un sacrifice à votre orgueil.

CLARISSE.
Elle a dit cela?... Ah! comment vous peindrai-je ma reconnaissance, monsieur?... vous voyez, j'ai les larmes aux yeux... Ah! remerciez madame Durozoir, remerciez-la bien, monsieur!... Mais non, j'y vais moi-même!...

FORBIN, à part.
Allons donc!...

JACQUELINE.
Il est bien tard, mademoiselle!
CLARISSE.
C'est vrai, vous avez raison.
FORBIN, à part.
Diable de femme!
CLARISSE, à Forbin.
J'irai demain, monsieur.
FORBIN.
Mais elle vous attend ce soir... votre chambre est prête... votre place n'est plus ici.
CLARISSE.
Au contraire... la vaine et orgueilleuse petite pensionnaire a fait place à une fille grave, qui songe à gagner elle-même sa vie. Soyez certain que madame Durozoir m'approuvera et m'estimera davantage. — Voulez-vous me permettre de lui écrire un mot?... (Elle entre dans sa chambre, Jacqueline la suit.)

SCÈNE XI
FORBIN.

Une affaire manquée!... Monsieur Lerdac n'a qu'à agir le plus tôt possible!... Et Placide que j'ai cru entrevoir rôdant dans le quartier... s'il la voit, s'il lui parle, monsieur Lerdac est un homme ruiné, et moi... dépêchons!.... (Il va pour sortir, la porte s'ouvre, Placide entre. Forbin reculant, à part.) Ah!... (Il fait semblant de ranger et de chercher.)

SCÈNE XII
PLACIDE, FORBIN.

PLACIDE, de la porte.
Monsieur Laborie, je vous prie?
FORBIN, à part.
Il ne faut pas qu'il voie Clarisse... il ne faut pas qu'il lui parle, ou tout est perdu!
PLACIDE.
Monsieur Laborie?...
FORBIN, rangeant.
C'est au-dessus!
PLACIDE.
Au-dessus?... no... c'était ici le dernier étage.
FORBIN.
La porte d'à côté!...
PLACIDE.
Il n'évait qu'une paorte sur le pelier, c'était celle-ci.
FORBIN.
Eh bien! allez au diable, ce n'est pas ici!... (A part.) Je prends les grands moyens, tant pis!...
PLACIDE, il va lentement à lui et lui pose lourdement la main sur l'épaule.
Vous n'étiez pas paoli, savez-vous?
FORBIN, à part.
Ah!... quelle patte d'ours!... (Cherchant à cacher sa figure.) Mais... o...
PLACIDE, le retournant.
Mais quoi? — Bêtise!...
FORBIN.
Tiens, c'est vous, homme brun!
PLACIDE.
Que faisiez-vaous daonc ici?...
FORBIN.
Ici?... vous voyez... je rangeais... je suis chez moi... désolé de ne pas vous prier de vous assceoir... une affaire des plus graves... vous permettez, n'est-ce pas?... (Lui prenant le bras.) Mais venez, nous causerons en chemin.— Comment vous portez-vous?
PLACIDE, retirant son bras.
Vous demeurez daonc avec monsieur Labaorie, car la femme qui tirait le cordon en bas m'évait dit...
FORBIN.
Oui, c'est cela, nous demeurons ensemble! — Ce cher Laborie!... un brave garçon, pas vrai?... vous le connaissez?.. (Lui prenant le bras.) Depuis quand le connaissez-vous?... Vous allez me raconter cela en marchant, au grand air, on étouffe ici!
PLACIDE, retirant son bras.
Pourquoi évez-vaous menti à moa en disant que ce n'était pas ici saon maisone?
FORBIN, riant.
Pourquoi?... vous ne devinez pas?...
PLACIDE.
Du taout.
FORBIN.
C'est bizarre!... (A part.) Au fait, pourquoi?... (Haut.) Mais, mon cher monsieur... mais parce qu'il a des dettes et que je vous ai pris pour un créancier, voilà tout!... vous n'avez jamais eu des dettes, je parie? — C'est un tort. — Vous n'avez eu ni le plaisir de les faire ni le bonheur de ne pas les payer. — (Lui prenant le bras.) Je vais vous en donner la recette.
PLACIDE, le repoussant.
Oh! vous ennuyez moa beaucaoup!
FORBIN, à part.
Il sait qu'elle est là! (Haut.) Vous êtes chez moi, vous n'allez pas y rester malgré moi, je suppose?
PLACIDE.
Il évait deux chaises ici... l'une paour monsieur Lébaorie, l'autre pour vaous... je suppaose aussi.
FORBIN.
Eh bien?
PLACIDE.
Eh bien! je prenais la sienne... et j'avais le droit de l'ettendre sur son chaise... puisque c'était aussi saon maisaone. — Qu'évez-vaous à dire à cela?
FORBIN.
Rien... rien... mais il ne rentrera pas ce soir... comprenez-vous?... vous me forcez à vous dire des choses... La vérité, c'est qu'il est chez sa maîtresse.
PLACIDE.
Il évait une maîtresse... pauvre comme il était?
FORBIN.
Mais l'amour n'a-t-il pas un bandeau sur les yeux?...—Vous voulez parler à Laborie?... vous le trouverez au café voisin, suivez-moi.
PLACIDE.
Au café?... et tout à l'heure vous le disiez chez sa maîtresse.
FORBIN.
Il l'attend tous les soirs sous la porte Saint-Denis, venez l'y guetter...
PLACIDE.
La porte Saint-Denis?
FORBIN.
Oui : *Ludovico magno*, vous savez.
PLACIDE, lui prenant le bras, qu'il serre de plus en plus en parlant.
Vaous vaous maoquez de moa... vaous êtes yune paolisonne... entendez-vous?
FORBIN, voulant se dégager le bras.
Aïe!... mais vous me faites mal, vous!
PLACIDE.
Y une bête stioupide, entendez-vaous!
FORBIN.
Mais vous me tordez le bras!
PLACIDE.
Une petite paillasse, entendez-vous!
FORBIN.
Mais, lâchez-moi donc, sacrebleu, lâchez-moi donc!... (Clarisse et Jacqueline accourent aux cris de Forbin.)

SCÈNE XIII
LES PRÉCÉDENTS, CLARISSE, JACQUELINE.

CLARISSE, entrant.
Qu'est-ce donc?
FORBIN.
Ce n'est rien... ce n'est rien... le pied m'a manqué...
PLACIDE, à part.
La demoiselle de la penchionne!
JACQUELINE, à Forbin.
Voici la lettre de mademoiselle Clarisse... (Elle montre Clarisse.)
PLACIDE, à part.
Clérisse!
JACQUELINE, à Forbin.
Vous la remettrez à madame Durozoir.
FORBIN, à part.
Prévenons monsieur Lerdac! (Il sort.)

SCÈNE XIV
CLARISSE, PLACIDE, JACQUELINE.

PLACIDE, à part, en regardant Clarisse.
Clérisse!... Clérisse!... Oh! baon Dieu, à moa!
CLARISSE.
Vous semblez me regarder avec étonnement, monsieur?...
PLACIDE.
Oh! yes, étonnement d'éporcevoir vaous... dans ce maisonne... chez monsieur Laborie!... Vaous, que t' je viens d'entendre appeler médemoiselle Clérisse... t' je croa?...
JACQUELINE, riant.
Eh bien!...

PLACIDE, montrant Jacqueline.
Ce vieux dame... serait-il le parente de mosier Lébaorie ?
JACQUELINE, vivement.
Je suis sa domestique.
PLACIDE.
Oh ! yes, domestique... èlors vaous me paouvez m'éprendre rien... et vaous me gênez baocoupe pour perler à mademoiselle Clérisse... (Il lui montre la porte.)
JACQUELINE.
Bien, je me retire. (A part.) Drôle d'homme ! (Elle sort.)

SCÈNE XV
PLACIDE, CLARISSE.

PLACIDE, suffoqué.
Médemoiselle !... Médemoiselle !
CLARISSE.
Qu'avez-vous ?...
PLACIDE.
T' jé naose pas interroger vaous, t' jé était taoute tremblante.
CLARISSE.
Remettez-vous...
PLACIDE.
Vieux jambes à moa... s'en aller... perdonnez... (Clarisse lui tend un siége.) Merci.
CLARISSE.
Mais pour être ému à ce point, il faut...
PLACIDE.
Que lé t'chaosse soit bien grève... Oh !... yes, si grève que t' j'ai peur de parler à vaous.
CLARISSE.
Pourquoi ?...
PLACIDE.
Perce qu'un seul maot paouvait détrouire taous mes espoirs.
CLARISSE, à part.
Pauvre homme ! il m'attendrit. (Haut.) Voyons, expliquez-vous...
PLACIDE.
Voilà : cette soir, t' jé souis ellé t' chez le caourtier militaire t' chargé par moa de trouver une remplaçante à monsieur Lerdac... ce caourtier m'a remis un caontrat, et j'ai lu le nom de Pierre Lébaorie, né à Nepteuil, en dix-sept cent quètrevingt, fils d'Ambroise Lébaorie et de Marguerite Bernard, et demeurant à Paris, rue Saint-Sauveur, numéro 44.
CLARISSE.
Un contrat ?
PLACIDE.
Pierre était bien le fils d'une Lébaorie que je t'cherchais... t'je accours... et t'jugez de mon bottement de cœur quand t'je traouve t'chez lui... yune demoiselle du même âge et du même nom que le fille de mon maître.
CLARISSE.
Votre maître ?
PLACIDE.
Yès... mon paovre et cher maître... le marquis... de Nepteuil.
CLARISSE.
Mon père ?
PLACIDE, se levant.
Ah !... c'était elle... c'était bien elle... Clérisse de Nepteuil... la fille de mon maître... elle !... T'je n'aosais pas depouis cinq minutes m'en assiurer... C'était elle !... Oh ! soyez béni, mon bon Dieu !... T'je paouvais donc maintenante accomplir les vaolontés de mon bienfaiteur !...
CLARISSE.
Vous m'apportez des nouvelles de mon père ?... Ah ! parlez, parlez ?
PLACIDE.
Le marquis, empaorté par le tempête de la révolutionne t'jusqu'en Émérique, èvait fait pendant quètorze ennées des efforts inutiles pour vaous retraouver... il ellait enfin revenir en France quand la mort...
CLARISSE.
Il n'est plus ?
PLACIDE.
Depouis trois années...
CLARISSE.
Oh ! mon Dieu !
PLACIDE.
Il daonna taoute son faortonne à moâ paour l'epporter à son fille Clérisse...
CLARISSE.
Oh ! mon père... il ne me sera jamais daonné de le connaître, de l'embrasser !... Mort !... Et Laborie me l'a laissé ignorer !

PLACIDE.
Il l'ignorait aussi, loui.
CLARISSE.
Comment ?
PLACIDE.
Le marquis n'èvait t'jemais reçu de vaos nouvelles, ni daonné des siennes... puisqu'il èvait perdu les trôces des Lébaorie.
CLARISSE.
Mon père avait donc remis à cette famille une bien forte somme, pour qu'on ait pu m'élever comme on l'a fait ?
PLACIDE.
Hélas ! il n'èvait rien daonné d'èbord... et il n'èvait rien daonné après non pliius.
CLARISSE.
Eh quoi !... les Laborie n'auraient jamais rien reçu...
PLACIDE.
Pas yune aobaole !
CLARISSE.
Mais Pierre Laborie vient de m'offrir six mille francs, qui sont à moi, m'a-t-il dit...
PLACIDE.
Oh ! yes... six mille franques !... C'est moa qui les ai daonnées au caourtier de remplécemente.
CLARISSE.
Quel remplacement ?...
PLACIDE.
Celui de monsieur Lerdac, je vaous l'ai dit, un ami de votre cousin.
CLARISSE.
Mon cousin...
PLACIDE.
Yes, le duc de Valmartin, le fils d'une sœur de votre père, morte à Dresde. C'est là qu'habite encore ce parent, à qui votre père èvait laissé l'usufruit de sa fortune, jusqu'au jour où son héritière directe serait retrouvée...
CLARISSE.
Mais vous parliez d'un remplaçant ?... De quoi s'agit-il ?... Ces six mille francs ?...
PLACIDE.
Pierre Lebaorie s'est fait saoldat à la place de monsieur Lerdac c'était le prix de sa liberté.
CLARISSE.
Soldat... lui !...
PLACIDE.
Yes, yes... il èvait signé le contrat aujourd'hui.
CLARISSE.
Il a fait cela... Tout cela... pour moi... à qui il ne devait rien ?... Pour moi... (Frappée d'une idée subite, et courant au secrétaire.) Ah !... ce portrait !
PLACIDE.
Qu'èvez-vous ?
CLARISSE.
Attendez. (Elle ouvre le secrétaire et cherche dans les tiroirs.)
PLACIDE.
Oh ! t'je n'èvais pas besoin de preuves... lé preuve était là. (Il touche son cœur.)
CLARISSE, prenant le médaillon.
Le voilà !... Je n'ose le regarder... Si ce n'était pas !... (Elle le regarde.) Si ! si !... Mon Dieu !... c'est moi !... mon image !... faite de souvenir !... — et au bas ?... (Elle lit.) A Clarisse, amour éternel... (Jetant un cri.) Ah !
PLACIDE, s'élançant.
Quoi donc ?
CLARISSE.
Ce n'est rien, oh ! rien, c'est un cri de joie.
PLACIDE, à part.
T'je ne caomprenais pas baocope !
CLARISSE, à part.
Laborie ! Laborie !... Oh ! je veux le voir !... je veux... mais où est-il ?... On monte. (Tressaillant.) Ah ! c'est lui !... Oui, je le sens là, c'est lui ! (Laborie entre.)

SCÈNE XVI
CLARISSE, LABORIE, PLACIDE, dans le fond.

LABORIE, à part, sans voir Placide.
J'aurai jusqu'au bout le courage de mon sacrifice. (Haut.) C'est aujourd'hui votre fête, Clarisse... Je vous apporte ce petit bouquet... l'acceptez-vous ? (Il lui présente un bouquet de violettes de deux sous.)
CLARISSE.
Avec plaisir, Laborie. (Elle prend le bouquet.)

LABORIE.
Ce sera aussi le souvenir d'un voyageur, si vous le permettez?...

CLARISSE.
Vous partez?

LABORIE.
Oui, demain... — Il est si petit, ce pauvre bouquet, qu'il tiendrait facilement et sans embarras dans un coin?

CLARISSE.
Si petit qu'il soit, il remplira mon souvenir.

LABORIE.
Merci.

CLARISSE.
Ainsi, vous partez?

LABORIE.
Il le faut.

CLARISSE.
Cette idée vous est donc venue tout d'un coup?

LABORIE.
Je m'ennuie en France.

CLARISSE.
Ah!... mais voilà qui est on ne peut plus aimable pour moi, Laborie, moi, votre amie d'enfance... — Mais non, non... — Voulez-vous que je vous dise pourquoi vous partez?

LABORIE, tressaillant.
Je...

CLARISSE.
Vous partez, parce que votre grandeur égale votre dévouement... parce que vous avez été ma providence pendant onze ans... parce que, durant ces onze années, vous n'avez travaillé, vous n'avez vécu que pour moi, et que vous avez poussé le sacrifice jusqu'au martyre, l'abnégation jusqu'à l'héroïsme... voilà pourquoi vous partez!

LABORIE.
Moi?...

CLARISSE.
Vous partez, parce qu'il faut un peu de bien-être et de calme à la fière et hautaine héritière des Nepteuil... et qu'après avoir donné votre âme vous donnez votre sang... Voilà pourquoi vous partez!...

LABORIE.
Moi?...

CLARISSE.
La fille des chevaliers, la marquise de Nepteuil, l'orgueilleuse de son nom, de ses ancêtres, de sa race, est moins noble que vous, artisan, moins grande que vous, ouvrier, moins glorieuse que vous, artiste!

LABORIE.
Je ne vous comprends pas. (Pause.)

CLARISSE.
En échange de cet humble et timide bouquet, emportez ce souvenir. (Elle lui glisse le médaillon dans la main.)

LABORIE.
Un souvenir?

CLARISSE.
Je vous le donne!

LABORIE prend les mains de Clarisse et les couvre de baisers après avoir, avec hésitation, jeté un coup d'œil sur le médaillon.
Oh! Clarisse! Clarisse!

PLACIDE, à part.
Les bons cœurs, les bons cœurs!...

JACQUELINE, entrant.
Monsieur Lerdac.

PLACIDE, à part.
Lui!

LABORIE, à part.
L'homme que je remplace!... (Lerdac et Forbin entrent.)

SCÈNE XVII
Les Mêmes, LERDAC, FORBIN.

LERDAC, après avoir salué Clarisse.
Mademoiselle, vous savez qui je suis. Il me reste à vous apprendre au nom de qui j'ose me présenter devant vous.

PLACIDE, à part.
Il allait encore dire quelque coquinerie, je gage... mais j'étais là...

CLARISSE.
Je vous écoute, monsieur.

LERDAC, montrant Laborie.
Ce que j'ai à vous dire, mademoiselle...

CLARISSE.
Vous pouvez parler devant monsieur.

LERDAC.
Au reste, je n'y vois pas d'inconvénient. Ma mission est toute simple et honorable. Je suis chargé par le duc de Valmartin, mon meilleur ami, de vous faire part de ses projets d'avenir. Monsieur de Valmartin vous aime, mademoiselle, et demande votre main?...

CLARISSE.
Ma main!...

LABORIE.
Que dit-il?...

PLACIDE, à part.
Oh! le polisson de menteur.

LERDAC.
Le duc vous a vue à l'église de Chaillot, voilà trois mois, en passant par Paris.

PLACIDE, à part.
Le duc n'était jamais venu à Paris.

LERDAC.
Avant de parler de son amour, il a voulu consulter sa famille.

PLACIDE, à part.
Le fourbe!...

LERDAC.
Il habite la Prusse. Je reçois à l'instant une lettre de lui. Sa famille consent. Mon ami serait donc le plus heureux des hommes si ses vœux n'étaient pas repoussés?...

LABORIE.
Ah! mon Dieu!...

PLACIDE, à part.
Je divinais... il voudrait faire la fortune du duc pour être bien sûr d'être payé.

LERDAC.
Quelle est votre réponse, mademoiselle?...

CLARISSE.
Ma main ne m'appartient plus. — Je vous présente monsieur Pierre Laborie, mon mari.

LABORIE.
Moi?...

CLARISSE.
Vous...

LERDAC.
Qu'entends-je?...

FORBIN.
Diable!...

PLACIDE.
Je n'avais pas prévu cette chose, mais je la comprenais... (Il parle bas à Lerdac.)

LABORIE.
Clarisse!... Clarisse!... Oh! mon Dieu!... n'est-ce pas un rêve?... Moi, votre mari?...

CLARISSE.
Ce n'est pas d'aujourd'hui que je vous aime!...

LABORIE.
Ah!...

FORBIN.
Voilà qui chiffonne nos affaires...

LERDAC.
Vous êtes Clarisse de Nepteuil, à ce que vient de me dire monsieur Placide. Vous êtes, par conséquent, la cousine du duc de Valmartin, dont j'ai juré et dont je jure de défendre partout la famille et le nom. Je me permettrai donc, mademoiselle, de vous rappeler au respect que vous devez à vos aïeux, et de vous dire qu'une fille de marquis ne peut épouser le fils d'un valet.

CLARISSE.
Monsieur!

LERDAC.
Noblesse oblige.

CLARISSE, avec dignité.
Vous venez d'insulter l'homme qui m'a élevée et nourrie, l'homme à qui je dois tout, même l'éducation que j'ai reçue, l'homme enfin qui, pour me faire une vie plus douce, vient de prendre une place à l'armée et vous a vendu sa liberté... Le voilà, cet homme... Maintenant, au nom de monsieur de Valmartin, vous me représentez, inclinez-vous, monsieur; inclinez-vous devant lui, si vous voulez que je croie que noblesse oblige.

JACQUELINE.
Bien dit, bien dit!

FORBIN.
Vous trouvez?.. (A part.) Ah! je la reconnais enfin... C'est la femme de l'Arche-Marion.... C'est la voleuse!

LERDAC.
Vous me forcez, mademoiselle, de recourir à des armes

LE MARTYRE DU COEUR.

indignes de moi. Mais il n'est si petit moyen que ne relève une juste cause. (A Laborie.) Vous vous êtes engagé, monsieur, à être mon remplaçant à l'armée, vous avez reçu l'argent, vous partirez.

Oh !...

CLARISSE, avec dégoût.

PLACIDE, à Lerdac.

Y songez-vous ?...

LABORIE.

C'est le droit de monsieur, d'autant plus que ces six mille francs je ne les ai plus en totalité.

PLACIDE.

Pas besoin... en voilà six autres !... (Il tire des billets de sa poche.)

Placide !

LERDAC.

J'ai seize cent mille francs à la fille de mon maître... je peux bien racheter à elle un mari.

LERDAC.

Ma volonté seule peut rompre le contrat.

PLACIDE, tirant un papier de sa poche.

Oui, mais la volonté de moi peut le déchirer... (Il le met en pièces.)

LERDAC.

Vous osez...

PLACIDE.

Au nom de mon maître !...

CLARISSE, à Laborie.

Libre !... libre !...

LERDAC, à Forbin.

Je suis ruiné !

FORBIN.

Ruiné ?... Parce qu'elle épouse Pierre Laborie ?... Eh bien ! ce mariage ne se fera pas si vous voulez me donner deux heures pour aller au Palais de justice...

LERDAC.

Au Palais de justice ?

PLACIDE, à part, en s'approchant.

Que complotent-ils là ?

FORBIN.

Et vingt mille francs !

LERDAC.

J'accepte !... va, va, te me rejoindras à mon hôtel.

PLACIDE, à part.

C'est moi qu'il y trouvera.

LERDAC, à Clarisse.

Je reconnais mes torts, mademoiselle, et je m'incline devant votre volonté.

LABORIE.

Clarisse !... Clarisse !... Ma femme !...

JACQUELINE, à part.

Mon fils est heureux !... (Le rideau baisse.)

ACTE QUATRIÈME

Un salon.

SCÈNE PREMIÈRE

PLACIDE, JEAN, puis JACQUELINE.

PLACIDE, donnant des ordres.

Allumez partout... les mariés vont venir... ils sont dans la sacristie en train de remercier les témoins. (Les valets s'éloignent. A Jean.) Fais-moi descendre le Forbin.)

JEAN.

Ah ! mon Dieu... j'y songe... j'ai oublié de lui porter à déjeuner et à dîner, et il est minuit et demi...

PLACIDE.

Il devait tirer la langue... tant mieux.

JEAN.

Avec ça qu'il a un appétit.

PLACIDE.

J'étais pas fâché de donner une leçon à cette drôle... avant de le flanquer à la porte... (Il écrit quelques mots qu'il remet à Jean.) Apporte-moi toi-même ce que je demande là... Il aimait trop l'argent, il sera puni par l'argent... Je lui ferai payer la carte à ton profit... (Mouvement de Jean.) Je n'ai pas oublié que c'est à ton adresse que je devais de le tenir enfermé là-haut depuis onze jours... le coquin...

JEAN.

Mon adresse n'a pas été bien grande... Je le guettais devant l'hôtel de monsieur le duc... il arrive tout essoufflé... Mon maître m'envoie au-devant de vous, lui dis-je, il vous attend, suivez-moi.

PLACIDE.

Et l'imbécile t'a suivi dans une maison à moi...

JEAN.

Je l'ai enfermé... puis, vous êtes venu...

PLACIDE.

Et je l'ai fouillé... Malheureusement le drôle n'avait rien sur lui qui pouvait me renseigner sur les coquineries qu'il méditait. — Ah ! voilà madame Jacqueline. — Fais ce que je t'ai dit. (Jean sort, Jacqueline entre.)

SCÈNE II.

PLACIDE, JACQUELINE.

JACQUELINE.

Que c'est riche ! que c'est beau !... et monsieur Pierre va demeurer ici ?...

PLACIDE.

Avec vous, madame la dame de compagnie.

JACQUELINE.

Oui... madame Clarisse a désiré. — La table de travail de monsieur Pierre ?...

PLACIDE.

Sa femme a voulu qu'elle soit là toujours... pour lui rappeler la mansarde où il avait travaillé et souffert si longtemps pour elle... C'était une noble et bonne idée... pas vrai ?...

JACQUELINE.

Oh ! oui.

Vous pleurez ?...

PLACIDE.

JACQUELINE.

Moi ?... on pleure comme ça sans raison souvent... Comment, monsieur Placide, vous avez pu meubler tout cela en onze jours ?...

PLACIDE.

J'avais acheté cet hôtel, il y a un mois... tout meublé et bon marché.

JACQUELINE.

Ah !

PLACIDE.

C'était un bon placement, vous voyez, puisqu'il va servir de demeure à la fille de mon maître.

JACQUELINE.

Elle quittera sa petite mansarde avec regret. Elle vient d'y retourner avec son mari.

PLACIDE.

Au sortir de l'église ?

JACQUELINE.

Oui.

PLACIDE.

Oh !... et moi qui avais fait préparer au bout de ce corridor une si jolie chambre pour eux !

JACQUELINE.

Ils vont revenir... ils accomplissent en ce moment une sorte de pèlerinage... ils sont allés dire un dernier adieu à leur petite chambrette. Puis, madame Clarisse désire que le vieux meuble qui a gardé le portrait qui lui a révélé l'amour de monsieur Pierre devienne aussi le gardien de son bouquet de mariée...

PLACIDE.

Oh ! elle avait des choses dans le cœur... dignes de son père... qui était si bon... si grand... si noble !... (Il pleure.)

JACQUELINE.

Vous pleurez à votre tour.

PLACIDE.

Nous parlons toujours d'eux et c'était trop... touchant.

JACQUELINE.

Je vais visiter la chambre des nouveaux époux.

PLACIDE.

C'est cela... j'irai vous retrouver... je montrerai à vaous toute la maison. (Jacqueline sort ; Jean revient.)

JEAN, déposant un panier sur la table.

Voilà, monsieur Placide !... Quant à l'homme, il est là, dans le petit escalier, derrière cette porte...

PLACIDE, prenant le panier.

Fais-le venir... (Essuyant ses yeux.) J'ai besoin de rire un peu...

SCÈNE III.

PLACIDE, FORBIN.

FORBIN, dans la coulisse.

Vite ! vite ! je meurs d'inanition... (Il entre et pose son chapeau sur la table de travail ; à Jean.) Vous m'avez parlé d'un panier de provisions, où est-il ?...

PLACIDE.

Le voilà.

FORBIN.

A la bonne heure !... allons, à table !... Ah! mon chapeau !.. (Il le reprend et s'assied.) Toutes mes dents crient la faim... et je n'aime pas cette chanson-là... j'en suis comme étourdi...

PLACIDE.

C'était le sang qui incommodait vaous... il fallait poser à vaous de petites bêtes noares... ça faisait très-mal... mais c'était très-baon.

FORBIN.

Mauvais plaisant !... Vingt-quatre heures de diète... je dévorerais un dindon tout entier...

PLACIDE.

Oh! le dindon n'était pas dans maon panier...

FORBIN.

Oui, je comprends votre facétie, aimable noir... j'en rirai après dîner... (Ouvrant le panier.) Des biscuits !...

PLACIDE.

Une douzaine, et une demi-bouteille de vin...

FORBIN.

Rien que des biscuits?... Oh !... c'est une plaisanterie, n'est-ce pas?...

PLACIDE.

Non, je ne plaisantais jamais quand je parlais sérieusement !...

FORBIN.

Je veux bien croire que vous m'avez oublié...

PLACIDE.

Oui, oublié... exprès... Vous devez une demi-douzaine de louis à moi... vous sévez?

FORBIN.

Vous me les avez donnés.

PLACIDE.

De faorce... Je vais vous les reprendre de faorce aussi... un louis par biscuit?...

FORBIN.

Oh! c'est mesquin... c'est petit... c'est noir !...

PLACIDE.

Pas de gros mots !... sinon, j'emportais le panier...

FORBIN, s'élançant vers lui.

Plein ?

PLACIDE.

Oui... et vous resterez vide...

FORBIN.

Un moment !... (A lui-même.) Il le ferait comme il le dit... ces nègres ont toutes sortes d'inventions... ils ne se contentent pas d'avoir des cheveux crépus !... Essayons de l'intimider.

PLACIDE.

Avez-vous réfléchi?...

FORBIN.

Oui... et, pour tromper ma faim, je me décide à briser vos meubles... (Il se jette sur le guéridon, qu'il ne peut bouger.) Non, pas celui-là, le dessus est en marbre.

PLACIDE.

Vous vous y prenez mal...voilà comme on faisait. (Il lève le guéridon d'une main.)

FORBIN, abasourdi.

A bras tendu !... sapristi !...

PLACIDE.

Maintenant... bonsoir, Bétiste...

FORBIN.

Tenez... Hercule... (soupirant) voilà un louis...

PLACIDE.

Voilà un biscuit...

FORBIN.

Et à la cuillère encore !... (Il l'avale.)

PLACIDE.

C'était plus léger.

FORBIN.

Trop léger !... des biscuits à la cuillère ne vaudront jamais un repas...

PLACIDE.

A la fourchette...

FORBIN, à lui-même.

Il rit !... Ah! mauricaud !... si j'étais seulement en Amérique, je le ferais rouer de coups en sortant !... Ah! je meurs de faim !... (A Placide.) Un autre biscuit?...

PLACIDE.

Un autre louis?

FORBIN, avalant le biscuit.

Ça passe comme une lettre à la poste...

PLACIDE.

Il y en avait encore...

FORBIN.

Dix... je sais bien... des biscuits à deux liards pièce !... J'en ferai une maladie, c'est sûr.

PLACIDE.

Oui, mais vous n'en mourrez pas... tandis que si j'emportais avec le panier...

FORBIN.

Arrêtez !... Ah! s'il ne levait pas des tables à bras tendu ! (Il donne un louis, Placide lui rend un biscuit. Tout en mangeant.) Vieux filou !... Allons, bon, j'étouffe, à présent...

PLACIDE.

Vous ne mangez pas, vous avalez... c'est votre faute...

FORBIN.

A boire ?...

PLACIDE, versant.

Comment donc ! (Forbin veut prendre le verre.)

PLACIDE.

Le vin, c'était deux louis?...

FORBIN.

Quarante francs pour un petit canon... jamais!

PLACIDE, buvant.

A votre aise... (Faisant claquer sa langue.) Very-good Bordeaux.

FORBIN.

Il le boit !... ah! le prodigue !... Décidément, j'étouffe !... j'ai mangé trop vite... j'ai avalé de travers !... (Il fouille dans sa poche.) Vite, un verre...

PLACIDE.

Le second, c'est quatre louis!

FORBIN.

Mais c'est vous qui avez bu le premier?...

PLACIDE.

N'importe, il n'en était pas moins consommé.

FORBIN, exaspéré.

Arabe !... assassin !

PLACIDE, remontant.

Good night, Bétiste.

FORBIN, jetant les louis sur la table.

Tenez, tenez, voilà le reste de votre argent... ne me tuez pas en détail.

PLACIDE.

Ni en détail, ni en grosse... Je voulais seulement vous donner une leçon, vilain avare.

FORBIN, buvant.

J'asphyxiais... (Il mange.)

PLACIDE.

A présent, ne mangez pas trop, si vous voulez paouvoir souper chez vous tout à l'heure. (Il remonte et sonne.)

FORBIN, à part.

Il me renvoie !... Ah! mes vingt mille francs remontent sur l'eau... J'ai là, sous la coiffe de mon chapeau, les preuves suffisantes pour faire arrêter Jacqueline... Jacqueline la voleuse. (Jean entre.)

SCÈNE IV

PLACIDE, FORBIN, JEAN.

PLACIDE.

Tenez, Jean, voilà douze louis pour vaous que monsieur Forbin a prié moa de vaous remettre... puis voilà douze autres louis que vous porterez au bureau de bienfaisance pour ceux qui n'ont pas même des biscuits à manger...

FORBIN, à part.

Rira bien qui rira le dernier.

JEAN.

Merci, monsieur Forbin... (A Placide.) Les nouveaux mariés sont en bas...

PLACIDE.

Faites sortir ce drôle par le jardin... (Il sort.)

FORBIN, à Jean.

Les nouveaux mariés?...

JEAN.

Monsieur Laborie et mademoiselle Clarisse.

FORBIN.

Ils sont mariés?...

JEAN.

Depuis une demi-heure.

FORBIN.

Mille tonnerres!

JEAN, ouvrant la porte.

Passez...

FORBIN.

N'importe, la vengeance de monsieur Lerdac n'en sera que plus terrible !... courons le trouver !... (Il sort suivi de Jean, qui referme la porte. — Laborie et sa femme paraissent.)

SCÈNE V
CLARISSE, LABORIE.

CLARISSE, au bras de Laborie.
Vous ne dites rien ?...

LABORIE.
Non, j'écoute mon bonheur. J'ai peur de l'effrayer. — Votre beauté a fait scandale, savez-vous?... En vous voyant mains jointes et à genoux à l'autel, un jeune homme s'est écrié, malgré la sainteté du lieu : « Qu'elle est belle! » L'avez-vous entendu?

CLARISSE.
Non.

LABORIE.
Je l'ai remercié du regard comme s'il m'avait dit : Que vous êtes heureux !... (Ils font quelques pas en se parlant bas. — Laborie s'arrêtant.) Ma table de travail !... ici !...

CLARISSE.
Elle est désormais à sa place. Ce sera pour moi le plus bel ornement de cet hôtel. Les indifférents ne verront que ce bois grossier, mais j'y verrai, moi, toute votre vie de dévouement et d'amour, qui vous a fait si grand à mes yeux !... Que de nuits fiévreuses vous avez passées là, penché sur cet établi, travaillant pour moi, et ne pensant qu'à moi seule !... Je verrai tout cela, monsieur, et je me dirai : puis-je assez l'aimer !...

LABORIE.
Oh! taisez-vous !... ces nuits-là, c'étaient mes heures attendues et bien-aimées... Taisez-vous, taisez-vous !... vous n'avez pas besoin de parler pour que mon cœur se fonde dans l'enchantement du bonheur !... Si vous saviez, perdu dans les ténèbres de ma misère, comme j'étais riche d'un mot ou du sourire que vous laissiez tomber sur moi !... vous étiez ma vision... mon rêve... vous étiez le bonheur impossible et inconnu que j'attendais !

CLARISSE.
Impossible ?... ingrat !...

LABORIE, l'embrassant.
Clarisse... Clarisse !... (Lerdac paraît au fond.)

LERDAC, à part.
C'est le dernier baiser que vous échangerez... (Placide revient, suivi de Jacqueline.)

PLACIDE, entrant, à Jacqueline.
Venez voir de ce côté... (Apercevant Lerdac.) Eh! mais, c'est monsieur Lerdac !... (Clarisse et Laborie se retournent.)

SCÈNE VI
CLARISSE, LABORIE, LERDAC, PLACIDE, JACQUELINE.

LERDAC, à Clarisse.
Je mets mes excuses à vos pieds, madame... une affaire grave m'a empêché d'assister à votre mariage... sotte affaire !... qui cependant a eu pour résultat heureux de me mettre en rapport avec un vieil ami des Nepteuil, monsieur le procureur impérial... (Mouvement de Jacqueline. — Continuant.) Un charmant homme, du reste, qui veut absolument que j'aille à son bal cette nuit. Sa voiture, si vous le permettez, viendra me reprendre ici dans une demi-heure !... (Ils se parlent bas.)

PLACIDE, bas à Jacqueline.
Une demi-heure !... il allait donc les empêcher de se retirer tantôt de suite... j'allais envoyer les femmes de chambre pour déshabiller la mariée... il comprendra peut-être... (Il sort.)

LERDAC.
Je vous en prie, madame, entrez dans vos appartements. Monsieur Laborie voudra bien me tenir compagnie. Cette journée d'émotions doit vous avoir brisée...

CLARISSE.
Mais...

LERDAC.
Je vous en supplie !...

CLARISSE, le saluant.
J'obéis, monsieur. Venez, Jacqueline.

JACQUELINE, bas.
Je vous suis, madame... j'ai à dire un mot à monsieur Laborie.
(Clarisse s'éloigne.)

SCÈNE VII
LABORIE, LERDAC, JACQUELINE.

JACQUELINE, à part.
J'ai peur aussi de cet homme !...

LERDAC, à part.
Elle reste... tant mieux !...

LABORIE.
Eh bien, ma bonne madame Jacqueline, je croyais que vous aviez à me parler ?...

JACQUELINE.
Rien ne presse... tout à l'heure... quand monsieur sera parti... (Elle s'assied dans un coin.)

LERDAC, à part, en regardant Jacqueline.
Je lui arracherai son secret, fût-ce par un mensonge. (Haut, à Laborie.) Votre bonheur, monsieur Laborie, est de ceux auxquels tout le monde applaudit.

LABORIE.
Vous êtes trop bon, monsieur.

LERDAC.
L'état de ma fortune ne me permet pas de faire à la cousine de monsieur de Valmartin, mon ami, un présent nuptial digne d'elle ; mais j'ai cherché le moyen d'en faire un à son mari, et je l'ai trouvé.

LABORIE.
Un cadeau de noces, à moi?

LERDAC.
A vous-même... et le plus beau que puisse envier un orphelin... Je vous donne une mère ?...

JACQUELINE, à part, en se levant.
Que dit-il?

LABORIE.
Une mère ?... mais ma mère est morte, monsieur.

JACQUELINE, avec force.
Oui, morte !...

LERDAC, à Jacqueline.
Qu'en savez-vous?

JACQUELINE.
Je le sais... par monsieur Pierre...

LERDAC.
Monsieur Pierre a été abusé... (Mouvement de Laborie.) Loin de moi la pensée d'une injure, monsieur... Je vous prie même de me pardonner si je soulève un coin du voile qui couvre votre berceau. — Vous vous croyez le fils légitime d'Ambroise Laborie et de Marguerite Bernard : c'est une erreur; vous êtes le fils naturel d'Ambroise Laborie et de Claudine Godefroi, sa maîtresse...

LABORIE.
Moi?

JACQUELINE.
Ah! quelle indignité !...

LERDAC.
Vous croyez?

JACQUELINE.
Ambroise Laborie était un honnête homme, monsieur, et c'est une honte à vous de chercher à ternir cette mémoire sainte et vénérée !...

LABORIE.
Vous avez au moins la preuve de ce que vous avancez ?

LERDAC.
Connaissez-vous l'écriture de votre père?

LABORIE.
Parfaitement.

LERDAC.
Venez donc avec moi... vous pourrez vous assurer par vous-même que les lettres que votre père a écrites à Claudine Godefroy au sujet de votre naissance...

JACQUELINE.
Il peut vous suivre !... il vous suivra pour vous confondre... (A Laborie.) Oui, oui, allez, monsieur Pierre... vous devez à la mémoire de votre père de repousser hautement et publiquement cette odieuse calomnie !...

LERDAC, à Jacqueline.
Vous connaissez donc la famille de monsieur?

JACQUELINE, s'observant.
Du tout... du tout... mais la foi... le respect religieux que monsieur Pierre a conservé pour ses parents... a passé en moi... moi qui l'aime...

LERDAC.
Comme une mère... je sais cela...

JACQUELINE.
Vous êtes plus avancé que moi... j'ignore comment aiment les mères... je n'ai jamais eu d'enfants.

LERDAC, à part.
Ah! je te ferai bien parler.

LABORIE.
Et ces lettres, vous les avez lues, monsieur?

LERDAC.
Toutes.

JACQUELINE.
Et elles disent?

LERDAC.
Que vous êtes né en 1780, d'Ambroise Laborie et de Claudine Godefroy.
JACQUELINE.
La femme de votre père aurait-elle élevé comme sien l'enfant de la maîtresse de son mari? Voyons, est-ce possible?
LERDAC.
Pourquoi non?... Marguerite Bernard a voulu donner un nom à cet enfant. — (A Laborie.) D'ailleurs, vous apprécierez, monsieur. Nous verrons ce que votre cœur dira quand vous entendrez les sanglots que j'ai entendus, quand vous verrez la pauvre femme que j'ai vue.
LABORIE.
Quelle femme?
LERDAC.
Claudine Godefroy.
LABORIE.
Elle existe?
JACQUELINE, à part.
Mon Dieu! j'en deviendrai folle.
LABORIE.
Comment, il y a sur la terre une femme qui se dit ma mère?
JACQUELINE.
Parce que vous êtes devenu riche.
LERDAC.
Elle l'ignore.
LABORIE.
Où est-elle?
JACQUELINE.
On vous trompe!... rien de tout cela n'est vrai... non, rien!
LERDAC.
Votre mère existe, je vous le jure.
LABORIE.
Mon Dieu! si c'était vrai!
JACQUELINE, désespérée.
Il pleure!... mais il croit donc?...
LABORIE.
Oui, venez, je veux la voir! je veux la voir!
JACQUELINE, le retenant.
Non, non, c'est un piége!
LABORIE.
Ma mère!... je retrouverais une mère!
JACQUELINE.
N'y va pas! n'y va pas!
LABORIE.
Jacqueline!
JACQUELINE.
Elle ment, cette femme, elle ment... elle veut me voler ton cœur... Ta mère, c'est moi!
LABORIE.
Vous?
LERDAC, à part.
Allons donc!
JACQUELINE.
Ah! j'étouffais! j'étouffais!... Oui, moi!... moi! Marguerite Bernard, l'épouse légitime d'Ambroise Laborie... Sur mon salut, je dis vrai... par la mère du Sauveur, j'ai dit vrai!.
LABORIE, la prenant dans ses bras.
Ah! il y a de certains cris qui parlent plus haut que toutes les voix humaines... de certains élans de l'âme qui rendent le doute et le soupçon impossibles!... Oui, je vous crois, oui, vous êtes ma mère!... oui! oui! (Il l'embrasse.)
JACQUELINE.
Ah!
LERDAC, à part.
Enfin! (Pause.)
LABORIE.
C'est donc pour cela que je vous aimais tant!
JACQUELINE.
Laisse-moi te regarder... voilà dix ans que je te regarde sans oser te le dire.
LABORIE.
Et je n'ai rien deviné... mauvais fils! (A Lerdac, qui fait un mouvement.) Oh! monsieur!... elle est bien ma mère!... Mais regardez-la donc... voyez cette tête que le bonheur maternel transfigure... voyez ce regard, ces larmes, ce maintien... et dites-moi si le mensonge a de ces révélations-là!... (A Jacqueline.) Voyons, ma mère, embrassez-moi, pour qu'on lise encore une fois dans vos baisers la réalité de mon bonheur!...
JACQUELINE, l'embrassant.
Mon fils, mon noble fils!

LERDAC.
Madame Laborie voudra bien me pardonner,.. je me suis laissé tromper comme un sot, je le vois, par une aventurière qui aura certainement spéculé sur la nouvelle position de votre fils.
LABORIE, à Jacqueline.
J'ai bien envie de vous gronder, cependant.
JACQUELINE.
Moi?
LABORIE.
Ah! la cruelle mère, qui m'a fait attendre si longtemps le bonheur de l'embrasser!
JACQUELINE, à part.
Ciel! j'avais oublié...
LABORIE.
Çà voyons, madame, pourquoi vous êtes-vous cachée de moi?
JACQUELINE, à part.
Mon Dieu!
LABORIE.
Oh! je suis curieux... je vous interroge... Répondez... je le veux.
JACQUELINE.
Laborie... nous ne sommes pas seuls!
LABORIE.
Ah! pardon!
JACQUELINE.
Qu'il te suffise seulement de savoir que j'étais pauvre et en haillons quand je t'ai retrouvé, et que je n'ai pas voulu faire obstacle à ton bonheur. C'est un artiste, me suis-je dit, il rêve d'honneur et de gloire, restons dans les ténèbres où la fatalité m'a jetée... je le suivrai dans l'ombre, je l'aimerai en silence, et, si Dieu le permet, à mon heure dernière je l'appellerai à mon lit de mort et je lui dirai : Embrasse ta mère, elle te bénit, adieu!
LABORIE.
Chère mère!... vos secrets vous appartiennent... je ne vous les demande pas... je suis trop heureux pour me plaindre!...
JEAN, entrant.
Madame Jacqueline, madame vous attend.
JACQUELINE.
J'y vais.
LABORIE.
Au revoir, mère, au revoir!
JACQUELINE, de la porte, lui envoyant des baisers.
Au revoir! au revoir! (Elle sort.)

SCÈNE VIII
LERDAC, LABORIE.

LABORIE.
Je me souviendrai toujours, monsieur, que c'est à vous que je dois d'avoir embrassé ma mère.
LERDAC.
Vous le devez au hasard.
LABORIE.
Sans vous, ce hasard serait encore à naître. Encore une fois, merci! (Il lui serre la main, et veut s'éloigner.)
LERDAC, se plaçant devant la porte.
J'ai à vous parler.
LABORIE.
Oh! plus tard... demain... Livrez-moi passage, je vous en prie.
LERDAC.
Ce serait de la folie, convenez-en, puisque je ne veux pas que vous passiez. (Mouvement de Laborie.) Mon Dieu, est-ce ma faute, à moi, si la mère que la fatalité vous ramène n'est pas plus digne de votre amour que de vos respects?
LABORIE.
Prenez garde, monsieur, vous insultez ma mère!... Je veux bien oublier que vous êtes ici chez moi... mais sortez, sortez!...
LERDAC.
Je disais donc...
LABORIE.
Vous tentez Dieu!...
LERDAC.
Je disais donc que Marguerite Bernard, veuve Laborie... non, je ferai mieux, je vais vous lire une page de sa vie.
LABORIE.
Je ne sais pas comment on repousse l'outrage dans votre monde, mais dans le nôtre, la tête se perd, la vue se trouble, et l'on tue!

LERDAC, s'asseyant.
A merveille... Vous me tuerez après si vous voulez. (Lisant.) Marguerite Bernard, veuve Laborie, née à Nepteuil...

LABORIE, hors de lui.
La fatalité est ici!

LERDAC, continuant.
Abusant de la confiance du député Jacques Mortin, qui l'avait recueillie...

LABORIE.
Cet homme est fou, ou cet homme veut mourir!...

LERDAC, continuant.
Cette femme indigne...

LABORIE.
Oh!

LERDAC.
Misérable...

LABORIE.
Va-t'en!

LERDAC.
Infâme...

LABORIE.
Va-t'en, te dis-je, va-t'en!

LERDAC.
A été condamnée...

LABORIE, prenant un de ses outils.
Ah! (Levant l'arme pour le frapper.) Tu veux mourir, eh bien! meurs!

LERDAC, achevant.
A été condamnée à dix ans de prison pour vol.

LABORIE, laissant tomber son arme, et reculant épouvanté.
Ah!

LERDAC, ramassant l'arme sans se lever, et la lui présentant.
Vous pouvez m'assassiner; j'ai fini.

LABORIE.
Qu'est-ce que ce papier?

LERDAC.
Oh! presque rien, monsieur... Ce n'est que la copie du jugement de Marguerite Bernard, veuve Laborie, en date du mois d'août 1792; voilà tout.

LABORIE, lui arrachant le papier.
C'est impossible!... (Froissant le papier après l'avoir lu et le foulant aux pieds.) Non, c'est impossible!... Ma mère n'a pas volé!... ma mère est une honnête femme!... ma mère n'a pas volé!...

LERDAC.
Ne criez pas si haut, croyez-moi... la prudence est d'autant plus nécessaire que la coupable s'est soustraite à une partie de la peine et...

LABORIE, baissant la voix.
Oui... oui!...

LERDAC, se levant.
Je ne veux pas vous effrayer sans raison. Tenez, voici la copie du procès-verbal de son évasion.

LABORIE, après avoir lu.
C'est donc vrai! (Il reste atterré. — Pause.)

LERDAC.
En protégeant mademoiselle de Nepteuil, c'est la famille, c'est le nom, c'est l'honneur de mon meilleur ami que je défends.

LABORIE.
N'est-ce pas un rêve?

LERDAC.
Emmenez votre mère, je fermerai les yeux, je me tairai.

LABORIE.
Quelque cruel que soit votre arrêt, monsieur... je vous en remercie... Oui, nous partirons... Je trouverai un prétexte quelconque pour décider Clarisse à ce voyage.

LERDAC.
Clarisse?... Mais elle n'a pas de honte à cacher... Vous partirez donc, mais sans elle.

LABORIE.
Sans elle?

LERDAC.
Vous partirez après le divorce.

LABORIE.
Le divorce?

LERDAC.
Vous allez quitter cette maison, à l'instant même. J'y tiens pour deux raisons : la première, c'est que mademoiselle de Nepteuil croira que vous ne l'avez jamais aimée, et que vous en aimez une autre; la seconde, c'est que ce scandale justifiera la demande en séparation. Je pose cartes sur table. Le divorce pour vous, ou la détention pour votre mère; choisissez.

LABORIE.
Ah! mon Dieu!... — Ayez pitié de moi, monsieur!...

LERDAC, regardant à sa montre.
Il se fait tard, monsieur, la voiture du procureur impérial doit être en bas. Que décidez-vous?

LABORIE.
Mais tuez-moi donc!...

LERDAC.
Nous partirons ensemble, si vous voulez...

LABORIE, perdant la tête.
Ne plus la voir!... Clarisse!... ma chère et bien-aimée Clarisse!... Mon Dieu, mais laissez-moi le temps, au moins, de me faire à cette idée, monsieur... Demain... Demain?

LERDAC.
Vous pourriez prévenir votre mère cette nuit, et sa fuite... — Je pense à tout, vous voyez. Vous pourriez aussi me tuer, mais que je vive ou meure, la justice des lois atteindrait toujours le coupable, je vous en préviens. J'ai pris mes précautions.

LABORIE.
Ah! qu'ai-je donc fait pour souffrir ainsi?... Ma mère!... Clarisse!... Toutes deux frappées du même coup!...

LERDAC.
J'attends.

LABORIE.
Il attend!... et j'hésite!... Tu eusses donné ta vie pour elles... Allons, sacrifie davantage, malheureux, sacrifie ton bonheur! (Jacqueline entre.) Elle!

SCÈNE IX

LES MÊMES, JACQUELINE.

JACQUELINE, à part.
Encore ensemble!

LABORIE, allant à elle.
Je... (A part.) Non!... Qu'elle ne rougisse jamais devant son fils... si quelqu'un doit souffrir, c'est moi! (A Lerdac.) Venez! Venez!

JACQUELINE.
Où vas-tu donc?

LERDAC.
Au bal!

JACQUELINE.
Au bal?... sans ta femme?

LABORIE.
Mais oui, sans elle... Et pourquoi non?

JACQUELINE.
Pourquoi?... Mais tu ne l'aimes donc pas?

LABORIE.
C'est cela... C'est cela... Je ne l'aime pas!... Je l'ai épousée pour sa fortune!... Je suis un lâche... un misérable!...

JACQUELINE.
Laborie!

LABORIE.
Voilà ce que vous lui direz... mais non, ne lui dites rien ,. elle comprendra, elle me méprisera, elle m'oubliera!... (A Lerdac.) Mais venez donc, venez donc! ne voyez-vous pas que j'étouffe ici! (Il l'entraîne.)

JACQUELINE.
Ah! malheureuse Clarisse!

ACTE CINQUIÈME

PREMIER TABLEAU

Une des salles de Frascati ouvrant sur une immense serre.

SCÈNE PREMIÈRE

LES GARÇONS, puis PLACIDE.
(Les Garçons vont et viennent pour le service.)

UN DES GARÇONS, prenant une corbeille de fleurs, aux autres.
Dépêchons, dépêchons.

PLACIDE, entrant, au Garçon.
Perdone! perdone! c'était Frascati, ici?

LE GARÇON.
Il n'est pas blanc. (Haut.) Oui, monsieur, vous êtes ici chez Garchi, le premier glacier de l'Europe, et à Frascati, le plus bel établissement du monde. (Aux Garçons.) Dépêchons, dépêchons. (Il veut s'en aller.)

PLACIDE.
Perdone, perdone... c'était bien dans ce maisone que monsieur Lerdac et ses amis venaient souper cette nuit, après le bal de l'Opéra?

LE GARÇON, *montrant la salle de gauche.*
Oui, là... on dresse sa table... dix-huit couverts... Après?
PLACIDE.
Merci! (il sort.)
LE GARÇON.
Ah! il est pressé... il va sans doute se débarbouiller. (Il s'éloigne. Lerdac arrive avec Forbin par la gauche.)

SCÈNE II
LERDAC, FORBIN.

FORBIN.
Terrasse, jardin et serre!... C'est féerique!... impossible de se croire en hiver ici!

LERDAC.
Maintenant que ta curiosité est satisfaite, va-t'en!

FORBIN.
Que je m'en aille, quand mes plus chers intérêts vont se débattre en ces lieux?

LERDAC.
Je n'oublie pas mes promesses... J'attends Clarisse, et dès qu'elle aura signé sa demande en séparation, je te remettrai tes vingt mille francs. Mais jusque-là, à quel titre resterais-tu parmi nous?

FORBIN.
Votre valet de pied m'a dit que depuis longtemps vous lui aviez commandé une livrée neuve...

LERDAC.
Eh bien?

FORBIN, *écartant son manteau.*
J'ai rendu visiste à votre tailleur.

LERDAC.
Reprendre la livrée à ton âge?

FORBIN.
J'ai été dénoncé à madame Durozoir, qui m'a montré la porte... j'étais sur le pavé... maintenant j'irai en voiture.

LERDAC, *riant.*
Allons, soit... Et, comment trouves-tu mon plan?

FORBIN.
Admirable. Mais convenez aussi que monsieur Laborie a été d'une docilité parfaite. Si bien que cette pauvre madame Clarisse a tout doucement glissé de la foi au doute, du doute au soupçon, du soupçon à la colère, et qu'à cette heure elle est plus près de la vengeance que du pardon.

LERDAC.
Dieu t'entende!

FORBIN.
Il m'entendra... — (A part.) Ah! si je pouvais à mon tour me venger de ce prince du Congo... J'ai sur le cœur mes douze louis volés... et le reste!... (Il va pour prendre une prise et s'arrête.) Non!... ma vengeance, à moi, est là! (Laborie arrive.)

LERDAC, *se retournant.*
Ah! ce bon et cher Laborie! (Lui tendant la main.) Comment vous va?

LABORIE, *ne prenant pas sa main.*
Très-bien!

LERDAC, *à part.*
La nuit a été mauvaise. (A Forbin.) Veille au souper.

SCÈNE III
LERDAC, LABORIE.

LABORIE.
Je me rends à vos ordres.

LERDAC.
Mes ordres?... Mais vous avez compris comme moi que cette situation devenait intolérable, et pour vous, et pour Clarisse, et pour moi-même, et qu'il fallait en finir. J'ai pris la balle au bond; j'ai organisé ce petit drame; j'ai laissé à chacun son rôle, et je joue le mien le moins mal que je peux... n'est-ce pas votre avis?

LABORIE.
Ainsi vous persistez dans vos projets?

LERDAC.
Mes projets, non; nos projets, oui!... Ah! permettez... je veux bien être votre complice, mais non votre tyran.

LABORIE.
Sera-ce la dernière épreuve, au moins?

LERDAC.
Elle sera assez forte pour cela... Vous êtes trop aimé, mon cher, que voulez-vous. Depuis trois jours, vous n'êtes pas rentré chez vous; vous vivez au bois, au bal, au jeu; eh bien! malgré cela, votre femme s'obstine à vous dresser des statues...

à ne rien comprendre et à ne rien voir... Diable! mon cher, feu le duc de Fronsac n'avait pas vos recettes d'amour... Vous les ensorcelez ces pauvres femmes... Vous irez loin.

LABORIE.
Trêve de railleries, monsieur... vous souhaitez un divorce que je désire autant que vous... Mais prenez garde que je ne vous demande compte un jour de toutes les tortures que vous m'infligez.

LERDAC.
Vous êtes un ingrat. Je vous sauve de la honte, et votre mère de la prison, et vous m'en récompensez par des menaces... C'est mal!

LABORIE.
Vous pouvez me broyer le cœur en riant, mais je vous répète, monsieur, prenez garde!

LERDAC.
Vous êtes incorrigible.

LABORIE.
Monsieur!...

LERDAC.
J'oublie souvent mes créanciers, monsieur Laborie, mais mes dettes de jeu et d'épée, je m'en souviens et les paye toujours. Je serai à vos ordres... le lendemain du divorce, je vous l'ai déjà dit.

LABORIE.
Le misérable!

LERDAC.
Pour Dieu! calmez-vous. Je suis de première force à l'épée, et je mets à trente pas une balle dans un écu. Je vous donnerai un jour la petite satisfaction de vous tuer.

LABORIE.
En attendant, je secoue vos intrigues et répudie vos lâchetés!... Assez de cruautés ainsi, assez de perfidies!... Cette pauvre Clarisse!... Depuis trois jours, il la torture sans pitié, cet homme!... Allons, c'est bien, je n'obéis plus.

FORBIN, *annonçant.*
Monsieur de Senneval.

SCÈNE IV
LERDAC, LABORIE, SENNEVAL.

LERDAC, *allant au-devant de Senneval.*
C'est trop d'honneur... — Vous êtes un grand légiste, monsieur de Senneval, vous allez décider d'une grave question de droit criminel qui se débattait entre monsieur Laborie et moi.

SENNEVAL.
Voyons!

LERDAC.
Monsieur Laborie soutenait, — éloquemment j'en conviens, —qu'un condamné qui s'évaderait avant le terme de son arrêt resterait sous le coup de ce même arrêt jusqu'au jour de la prescription?

SENNEVAL.
Monsieur avait raison.

LERDAC.
Ah!... Ainsi une pauvre femme évadée, qui aurait été condamnée à la détention, par exemple, pourrait être arrêtée ici, là, sous nos yeux, tout simplement?

SENNEVAL.
Sans doute.

LERDAC, *à Laborie.*
Je vous soutenais le contraire, j'avais tort. (Bas.) Je ne vous prends pas en traître, vous voyez?

LABORIE, *bas.*
J'obéirai, monsieur, j'obéirai!

FORBIN, *annonçant.*
Madame Palmyre... messieurs de Lingeac, de Merson, de Bois-Robert. (Ils entrent, une Dame les suit.)

SCÈNE V
LES MÊMES, PALMYRE, LAURE, LES CONVIVES.

PALMYRE, *à Lerdac.*
Bonjour! cher... (Présentant la dame à Lerdac.) Une amie à moi... — On étouffe ici... (A Senneval et à de Merson.) Le bal a été bien triste, n'est-ce pas, messieurs? (A Lerdac.) Soupe-t-on?...

LAURE.
Oh! jouons d'abord.

PALMYRE.
Je meurs de faim.

LAURE.
Jouons en soupant, alors.

PREMIER CONVIVE, Haut.
Ah! ah! ah!... la voilà qui tourne autour du valet de cœur, comme une phalène autour d'une bougie.

LAURE.
Et vous?

PREMIER CONVIVE.
Grand merci! je me suis brûlé les ailes de trop près.

LERDAC, tout en offrant le bras à Palmyre.
Bah! elles peuvent repousser... (Bas à Palmyre en lui montrant Laborie.) Regardez.

PALMYRE.
Quoi donc?

LERDAC.
Il pense à vous...

PALMYRE.
A moi?...

LERDAC.
Il vous adore!

PALMYRE, riant.
Comment... tout de suite... comme ça?

LERDAC.
Quoi d'étonnant?... il ne faut qu'une étincelle pour incendier une ville.

PALMYRE.
Il ne m'a vue que trois fois!

LERDAC.
C'est trop de deux.

PALMYRE.
Flatteur!

LERDAC.
Vous ferez comme avec moi, vous commencerez par vous adorer avant de vous aimer.

PALMYRE.
Mauvais sujet!... Mais quel homme est-ce?

LERDAC.
Vous voyez, il n'est ni manchot, ni bossu.

PALMYRE.
Sans doute, mais...

LERDAC.
Ah! pardon!... il est très-généreux, un homme parfait enfin.

PALMYRE.
Dites plus que parfait... sans cela vous ne valez rien.

LERDAC, présentant Laborie à Palmyre.
Monsieur Pierre Laborie... madame Palmyre... (Bas à Laborie.) La personne en question.

FORBIN, entrant.
Monsieur est servi...

LERDAC.
Monsieur de Senneval consentirait-il à faire les honneurs à ma place un moment?

SENNEVAL.
Comment donc!

LERDAC, bas à Laborie, en lui montrant la porte de droite.
Clarisse sera là. (Ils entrent tous dans la salle à manger. — Appelant.) Forbin!

FORBIN, accourant.
Monsieur!

LERDAC.
Vite, une voiture.

FORBIN.
Le temps d'atteler, monsieur.

LERDAC.
Non, un fiacre.

FORBIN.
Je vole. (Il va se jeter dans Placide qui entre.)

PLACIDE, le repoussant.
Vaoler?... Vaous voulez donc taoujours vaous?

FORBIN.
Pas de mots à double entente, face de cheminée... respectez l'uniforme que je porte. (A part.) A tout hasard, je vais doubler la dose de ma tabatière. (Il sort.)

SCÈNE VI
LERDAC, PLACIDE.

PLACIDE.
Yune most, maonsieur, si c'était paossible. — Depuis trois jours que le mériége il était fait, monsieur Laborie...

LERDAC.
N'est pas rentré chez lui, je sais cela.

PLACIDE.
Vaous êtes son caompagnonne d'aorgie à lui qui taortioure la pérente de votre ami... Ce n'était pas néturel... je venais donc vous dire...

LERDAC.
Mille pardons, monsieur Placide... j'ai fait demander une voiture... une affaire pressée... vous permettez?...

PLACIDE.
Monsieur!...

LERDAC.
Plus tard... plus tard!...

PLACIDE.
Monsieur!... monsieur!...

LERDAC.
Plus tard, monsieur Placide... plus tard!... (Forbin arrive, il fait signe à Lerdac que la voiture est en bas, celui-ci sort.)

SCÈNE VII
PLACIDE, FORBIN.

FORBIN, à part.
A nous deux, l'homme aux biscuits!

PLACIDE, à lui-même.
Oh! t' j'étais plus certaine que t' jémais qu'entre Laborie et loui, il y évait quelque chose.

FORBIN, à part.
Je tiens ma vengeance!

PLACIDE, à lui-même.
Enfin!... (Il va pour sortir, et se jette dans Forbin.) Ah! c'est encore vaous?

FORBIN.
Pour vous servir.

PLACIDE.
Baonjour. (Il s'éloigne.)

FORBIN.
Dites-vous en chemin que j'ai tout entendu, monsieur Placide, et bon voyage!

PLACIDE, s'arrêtant.
Vaous parlez à moa?

FORBIN.
Vous avez vite compris, vous, qu'il y avait un secret entre monsieur Lerdac et monsieur Laborie.

PLACIDE, s'approchant.
Un secret?...

FORBIN.
Au lieu de vous obstiner à jouer au fin avec moi, si nous étions entendus, c'est à vous que j'aurais tout dit.

PLACIDE.
Vaous vaoulez encore me caoquiner maon argent?...

FORBIN.
Votre argent?... avec cela qu'il m'a profité, votre argent. (Tirant sa tabatière.) En usez-vous?

PLACIDE, touchant sa poche.
Oui... du mien.

FORBIN.
Ah!

PLACIDE.
Que savez-vaous?... Qu'évez-vous dit à monsieur Lerdac?

FORBIN.
Je ne peux pas me confier à un ennemi.

PLACIDE.
Moa!

FORBIN.
Sans doute... Je n'en veux pour preuve que votre refus de trinquer avec moi.

PLACIDE.
Trinquer?

FORBIN.
Certainement... entre priseurs, une pincée de tabac, c'est un verre de vin entre buveurs.

PLACIDE.
S'il ne fallait que cela paour vaous daonner yune preuve d'estime, j'y vaoulais bien.

FORBIN, lui tendant sa tabatière.
A la bonne heure! A votre santé! (Il jette son tabac.)

PLACIDE.
Il est baonne vaotre tabac... — Vous évez donc dit quelque t'chose à monsieur Lerdac sur Laborie?

FORBIN.
Oui.

PLACIDE.
Quelque t'chaose de grâve?

FORBIN, lui offrant une prise en riant.
A votre santé!

PLACIDE, prenant machinalement.
Merci !... Et cette t'chuose plécait Laborie dans la main de ce monsieur ?...

FORBIN.
Oui.

PLACIDE.
C'était donc...

FORBIN.
D'importants papiers.

PLACIDE.
Qui pouvaient compromettre...

FORBIN.
Et perdre Laborie.

PLACIDE.
Oh ! misérable !... (Il le saisit au collet et se trouve subitement pris d'une sorte de faiblesse.)

FORBIN.
Eh bien ! allez donc... vous vouliez m'étrangler, je crois... ne vous gênez pas.

PLACIDE.
Pardone.... c'était le surprise qui suffoquait moa... il m'était donné des éblouissements.

FORBIN.
Oui, je vous crois très-sanguin... Prenez une prise, ça vous remettra...

PLACIDE, après avoir pris.
Yes, cela va mieux...

FORBIN, l'imitant.
Pour le sang... vous savez... il y a encore les petites bêtes noires... Ça fuisait très-mal... mais c'était très-bonne.

PLACIDE.
Féreour !... Allons, dites à moa... bien vite... ce que vous avez dit à monsieur Lerdac...

FORBIN.
Je lui ai dit... (S'interrompant.) Comment vous trouvez-vous ?

PLACIDE.
Mel... très-mel... mais c'était l'émotion du cuiraosité... parlez... parlez !

FORBIN.
Je lui ai dit que madame Jacqueline se nommait Marguerite Bernard, qu'elle est la mère de Pierre Laborie, et qu'elle a été condamnée à dix ans de détention pour vol !...

PLACIDE.
Elle !

FORBIN.
Et que s'étant évadée de sa prison, elle est encore sous le coup d'une arrestation... Comprenez-vous ?

PLACIDE.
Oh ! yes, yes, taoute le complot m'apparaît !... Le paovre Laborie...

FORBIN.
Menacé dans la liberté de sa mère...

PLACIDE.
Et n'osant rien dire à elle ni à personne...

FORBIN.
S'est sacrifié...

PLACIDE.
Paour la saover ?...

FORBIN.
Voilà !

PLACIDE.
Ah ! baonne jeune homme !... Mais je parlerai à cette malheureuse mère... t'je la ferai partir... et bien loin... et taout de suite... et Clérisse et Laborie seront saovées... Yès, yès !... Je caours... Mon Dieu !... qu'ai-je donc... Je ne voyais presque plus du taout !

FORBIN, le soutenant.
Vous n'en mourrez pas, rassurez-vous !.... — Mais vous comprenez bien, petit nègre à moi, que j'avais à me venger de vous...

PLACIDE.
Une vengeance ?

FORBIN.
Souvenez-vous de vos biscuits à vingt francs... Eh bien ! je vous ai fait priser gratis du tabac à l'opium, moi, voilà tout !

PLACIDE.
Opium ! opium !

FORBIN.
Yes... yes... et pour que ma vengeance ne soit pas incomplète, je vais vous dire ce qui va arriver.

PLACIDE.
Quoi donc

FORBIN.
Moins que rien.... La demande en divorce est prête... Il ne manque que la signature de madame Laborie, votre protégée.... et elle va venir.... et elle verra Laborie au bras d'une autre femme... et elle signera... Tenez, cette petite table, elle a été préparée à cette fin...

PLACIDE, balbutiant.
Clérisse !... Clérisse !... elle mourrait de cela !... Je veux la voir !... je veux... je veux...

FORBIN.
Vous voulez dormir, voilà ce que vous voulez.

PLACIDE.
Non !... Ah ! ma tête !... ma volonté !... Ah ! mon Dieu !... et Clérisse... et Laborie... Oh ! pauvres martyrs !... (s'endormant.) Mon maître !... à mon aide... mon Dieu !... sauvez-les !... Ah ! (Il tombe en léthargie sur une chaise.)

FORBIN.
Plus personne !... Vieux mal blanchi !... (Appelant.) Hé !... quelqu'un !... holà !... (Aux Garçons qui entrent.) Emportez ce nègre... il appartient à M. Lerdac... Ce drôle vient de vider une bouteille de rhum... sous prétexte qu'ils sont tous deux de la Jamaïque... Emportez ! emportez ! (Les Garçons rient et emportent Placide avec la chaise sur laquelle Forbin l'a laissé tomber.) J'étais humilié d'avoir été joué par ce mauricaud-là. — Ah !... et mes douze louis !... (Il s'arrête en apercevant Palmyre et Laborie qui reviennent; Palmyre est au bras de Laborie.)

SCÈNE VIII
LABORIE, PALMYRE, FORBIN.

PALMYRE, montrant Forbin.
Un des gens de monsieur de Lerdac !.... (A Forbin.) Votre maître n'est pas revenu ?

FORBIN.
Non, madame. (Il sort.)

LABORIE, à Palmyre.
Je ne vous trompais pas, vous voyez.

PALMYRE.
Vous vous repentez de m'avoir offert votre bras ?

LABORIE.
Oh ! quelle idée ! (Ils vont s'asseoir sur un banc; Lerdac revient donnant le bras à Clarisse masquée.)

SCÈNE IX
PALMYRE, LABORIE, LERDAC, CLARISSE.

LERDAC, bas à Clarisse.
Les voici !

CLARISSE.
C'est bien lui !

LERDAC, la conduisant vers la porte de gauche.
J'avais promis de vous faire voir... vous avez vu... Je promets de vous faire entendre... vous entendrez... Entrez là ! (Clarisse entre à gauche.)

LABORIE, se retournant.
Ciel ! c'est elle !

PALMYRE.
Qu'est-ce donc ?

LABORIE.
Rien... rien !

LERDAC, à Palmyre.
J'ai deux mots à dire à M. Laborie... vous permettez ? (Bas à Laborie.) Clarisse est là... elle s'est fait accompagner par votre mère, qui attend en bas dans une voiture... — Si vous faites les choses à demi, je ne vous imiterai pas, moi. (Haut.) Ne vous gênez pas, je suis aveugle.

PALMYRE.
Vos calomnies vous trottent déjà sur les lèvres ?

LERDAC.
Je les laisse trotter. (Élevant la voix avec intention.) Au revoir, mes tourtereaux, au revoir ! (Il entre dans le salon.)

SCÈNE X
PALMYRE, LABORIE.

LABORIE, à part.
Ma mère !... Clarisse !... Ah ! mon Dieu !

PALMYRE, allant à lui.
Comment... vous pleurez ?

LABORIE.
Moi ?... Eh bien ! oui... Ah ! je suis un être étrange et absurde, n'est-ce pas ?... Je vous aime et je pleure... Je prends ma part de vos fêtes et de vos plaisirs, et je pleure... J'aspire à votre amour, et je pleure ?... (A part.) N'écoute pas, Clarisse !

PALMYRE.
Vous m'aimez, vous?

LABORIE.
Oui.

PALMYRE.
Voilà de ces choses moins faciles à comprendre qu'à dire, convenez-en.

LABORIE.
Pourquoi donc?... N'êtes-vous pas jeune, belle, charmante?... (A part.) Oh! Dieu!

PALMYRE.
La jeunesse et la beauté sont des liens doux et légers qu'un moment forme et qu'une heure dénoue. Votre femme n'est-elle pas plus jeune et plus belle que moi, et vous ne l'aimez pas... Vous me l'avez dit, du moins.

LABORIE, vivement.
Moi?

PALMYRE.
Me suis-je trompée?

LABORIE.
Non... non!... (A part.) Clarisse, pourras-tu jamais me pardonner?...

PALMYRE, s'asseyant.
Vous êtes un galant homme, monsieur Laborie... jurez-moi que vous m'aimez, je vous croirai?

LABORIE, à part.
O Clarisse, à toi ce serment!... (Haut.) Sur mon honneur, je vous aime.

PALMYRE, à part.
Son accent m'a émue. (Haut.) Et vous n'aimez que moi?... moi seule?

LABORIE, de même.
Mon cœur, mon âme, ma vie à vous... à vous seule!... Oui, je vous aime!... Je vous regardais passer pour être heureux, je vous écoutais parler pour vivre!... Quelle femme vous remplacerait?... Ah! si vous pouviez lire au fond de mon cœur, combien votre pitié serait facile et prompte! vous y verriez mes larmes, mon désespoir, ce respect de tous les instants, cette adoration de toutes les heures, cet amour profond, sans bornes, humble et terrible qui me tuera!... Ah! dites-vous que ce pauvre cœur meurtri ne tressaille qu'à votre souvenir... dites-vous que mon salut en ce monde et dans l'autre est en vous, et que j'ai vécu de votre amour, par votre amour, pour votre amour, et que c'est ma vie qu'on me prend en y touchant!... oui, je vous aime... oui, vous seule... toujours... sans cesse... à jamais! (Tout en parlant, il est tombé à genoux, les mains étendues vers la porte derrière laquelle est Clarisse, et dans l'attitude attendrie de la prière. Lerdac et les convives entrent tumultueusement.)

LERDAC, le verre à la main, en montrant Laborie et Palmyre.
Bravo! Vive Dieu, bravo!

LABORIE, se levant.
Ah!

PALMYRE, à part.
L'importun!

LABORIE, à part.
Le scandale est accompli!

SCÈNE XI
LES PRÉCÉDENTS, LERDAC, LES CONVIVES.

LERDAC.
Les deux pigeons de la fable, parbleu!

PREMIER CONVIVE.
Daphnis et Chloé.

DEUXIÈME CONVIVE.
Joseph et Putiphar.

TROISIÈME CONVIVE.
Moins le manteau... c'est mieux!

LERDAC.
A boire, à boire!... — A leurs amours! (Clarisse paraît, elle est encore masquée.)

SCÈNE XII
LES MÊMES, CLARISSE.

CLARISSE, montrant Laborie.
Voilà qui est mal, messieurs... vous oubliez le héros de la fête. (Elle prend un verre.)

LABORIE, à part.
Ciel!

PREMIER CONVIVE.
Un masque!

CLARISSE, offrant le verre à Laborie.
Allons, monsieur, ayez au moins le courage d'être heureux!

LABORIE, à part.
Ah! mon Dieu!

LAURE.
C'est Aglaé, je gage...

PREMIER CONVIVE.
Je vais vous le dire! (Il veut démasquer Clarisse.)

LABORIE, le repoussant.
Arrière! arrière!... je prends cette femme sous ma protection!

CLARISSE, se démasquant.
Je refuse!

LERDAC, jouant l'étonnement.
Madame Laborie!

TOUS.
Sa femme! (Les convives s'inclinent et veulent s'éloigner.)

CLARISSE.
Non, restez, messieurs, restez... mon masque, en tombant, vous donne le droit de me regarder au visage. Ma présence doit être mon châtiment ou ma justification à vos yeux. (A Laborie.) Donc, c'est bien vous... ici... dans cette fête d'orgie... en tête-à-tête avec l'impudeur et le vice!...

LABORIE.
Madame...

CLARISSE.
Vous avais-je placé assez haut dans mon estime et dans mon cœur, dites?... Que vous ai-je donc fait?... vous pouviez me tuer, vous avez mieux aimé me torturer; vous pouviez me faire comprendre votre haine ou votre oubli, vous avez mieux aimé charger le scandale de ce soin!... Êtes-vous satisfait?... vous en êtes venu jusqu'à me faire douter de la sincérité de votre dévouement et de vos bienfaits!... Êtes-vous content?

LABORIE, à part.
Ma mère! ma mère!

CLARISSE.
Est-ce une revanche contre ma sotte fierté et mon orgueil imbécile?... Eh bien! voyons, ce n'est plus vous que j'accuse, c'est moi... Tenez, voici la demande en séparation... la voilà... ma signature seule y manque... Dites-moi de ne pas signer, et je ne signerai pas?

LABORIE.
Ma mère!

CLARISSE.
Dites-le-moi, et j'oublierai?

LABORIE.
Mon Dieu!... mon Dieu!...

CLARISSE.
Dites-le-moi, et je pardonnerai?... Vous vous taisez?... (A Lerdac.) De l'encre et une plume, monsieur!

LERDAC.
Là! sur cette table! (Elle va à la table et prend la plume.)

LABORIE, à part.
C'est fini! (Clarisse s'arrête au moment de signer.)

CLARISSE.
Laborie, je recule devant l'abîme que d'un mot je creuserais entre nous... ma place n'est pas ici... tous ces regards pèsent déjà sur moi comme une honte... Offrez-moi votre bras, et partons!

LERDAC, bas, à Laborie.
Restez, ou votre mère est perdue!

CLARISSE.
Je suis votre femme, monsieur, je porte encore votre nom, je vous demande votre bras?

LABORIE, à part.
Quelqu'un ne me tuera donc pas, par pitié!

CLARISSE.
Je vous le répète pour la dernière fois... je peux tout pardonner, votre bras?...

LABORIE, faisant un effort sur lui-même.
C'est impossible!... oui, impossible, impossible! (Clarisse va vivement à la table et signe.)

CLARISSE, remettant le papier à Lerdac.
Voici!

LERDAC, à part.
Enfin!

LABORIE, à Lerdac.
Es-tu content maintenant, dis?...

LERDAC.
Et vous, monsieur?...

LABORIE.
Moi?... moi?... (Éclatant.) Ah! tu es bien le plus vil et le plus infâme des hommes... Je te le dis en face... et c'est en face

aussi que je te crache tes infamies au visage... et te soufflète de mon gant!...

LERDAC.

Ah!!...

CLARISSE, se jetant entre Laborie et Lerdac, à Lerdac.

Monsieur! monsieur!...

LERDAC, se contenant, à Clarisse.

Je suis heureux de cette injure, madame, puisque je la reçois en vous protégeant. (bas à Laborie.) A demain?

LABORIE.

Vos armes?

LERDAC.

L'épée!

LABORIE.

C'est bien! (il sort.)

DEUXIÈME TABLEAU.

Un salon; du désordre dans l'appartement; une lampe brûle sur la table. — Le domino de Clarisse sur une chaise, son masque par terre.

SCÈNE PREMIÈRE

CLARISSE.

Ils se battent au point du jour!... Je ne souhaite pas sa mort, mais il m'est devenu étranger... (se levant.) Sa mort!... La lampe pâlit... non, c'est le jour qui commence à poindre... (S'asseyant.) Mais il l'aime donc bien, cette femme!... (Jacqueline entre par la porte du fond; elle est triste et pâle.)

SCÈNE II

JACQUELINE, CLARISSE.

JACQUELINE.

Vous ne vous êtes pas couchée?...

CLARISSE.

Ni vous non plus, n'est-ce pas?...

JACQUELINE.

Et vous avez pleuré?...

CLARISSE.

Et vous aussi, n'est-il pas vrai?...

JACQUELINE.

Avez-vous fait dire à monsieur Lerdac de ne pas se servir de cette demande en séparation avant de vous avoir revue?

CLARISSE.

Oui, je l'ai fait... je lui ai même écrit. J'ai cédé à vos prières, j'ai peut-être eu tort.

JACQUELINE.

Non... vous avez bien fait de ne rien précipiter. Dans la conduite de Laborie il y a un mystère, voyez-vous, un mystère terrible, qu'il faut pénétrer... (Six heures sonnent; tressaillant.) Six heures!... (A Clarisse.) Ils se battent à l'épée, n'est-ce pas?...

CLARISSE.

Oui!

JACQUELINE, dans un sanglot.

On me le tuera... il n'a jamais touché une épée!

CLARISSE.

Taisez-vous! taisez-vous!

JACQUELINE, s'essuyant les yeux.

S'il meurt, je n'aurai plus de raison pour vivre, voilà tout.

CLARISSE.

On vient!... (Jacqueline va pour ouvrir, Placide entre, il est boutonné jusqu'au col; quelque chose est caché sous sa redingote.)

SCÈNE III

CLARISSE, JACQUELINE, PLACIDE.

PLACIDE, à Jacqueline, sans voir Clarisse.

Ah! c'était vaous... c'est bien... j'évais à vaous parler!

CLARISSE, à part.

Quel air, a-t-il mon Dieu!

JACQUELINE, tressaillant.

A moi?...

PLACIDE.

A vaous!... mais attendez... taoutes les idées à moa saont brouillées!... c'était un malheur.... J'étais mettre un peu d'aordre dans ma tête!

CLARISSE, s'appuyant sur une chaise.

Ah! il est mort!

PLACIDE, se retournant.

Clérisse.

CLARISSE.

Il est mort, n'est-ce pas, il est mort?...

JACQUELINE.

Mais répondez donc!

PLACIDE.

Qui?

CLARISSE.

Laborie?...

PLACIDE.

Lebaorie?...

JACQUELINE.

Mon fils?...

PLACIDE.

Votre fils?...

CLARISSE.

Il se tait... ah! c'est fini!... (Elle tombe sur la chaise en sanglotant.)

PLACIDE, courant à elle.

Mais no... mais no... personne n'estait morte... je n'évais pas de maouvaises naouvelles paour vaous, moa!

CLARISSE et JACQUELINE.

Il vit?...

PLACIDE.

Il était daonc mélade?

CLARISSE.

Mais ce duel?...

PLACIDE.

Yune duyel?...

JACQUELINE.

Vous ne l'avez pas vu?...

PLACIDE.

No.

CLARISSE.

Qu'êtes-vous donc devenu?...

PLACIDE.

J'évais dormi malgré moa... mais, Dieu merci, j'étais réveillé à temps... oh! yes... (A Jacqueline.) Je venais pour parler à vous... jo... (A part.) Oh! pas devant Clérisse... et puis c'était bien cruel à moa, une étranger, de lui dire ça moa-même...

JACQUELINE.

Je vous écoute?

PLACIDE, à part.

Saon fils, à elle, était plus caonvenable pour ça que personne... J'étais le traouver!

JACQUELINE, l'arrêtant.

Vous partez?

PLACIDE.

Je vaoulais voir Lébaorie... puis après Bétiste... et je reviendrai!...

CLARISSE.

Mais qu'aviez-vous à dire à Jacqueline, enfin?

PLACIDE.

Oh! ce n'était rien.

JACQUELINE.

Vous êtes venu à cette heure, avant le jour, pour ne rien dire?

PLACIDE, cherchant.

T'jé vaoulais... t'jé vaoulais demander à vaous si médème Lébaorie évait été cette nuit à Frescati... On mé l'évait dit... j'évais saoutenu le caountraire?

CLARISSE.

J'y suis allée.

PLACIDE.

— Vous?

CLARISSE.

Oui, j'y étais.

PLACIDE.

Vous l'évez vu?

CLARISSE.

Oui, au bras d'une autre.

PLACIDE.

Vous évez entendu?

CLARISSE.

J'ai tout entendu!

PLACIDE.

Et le divorce?

CLARISSE.

J'ai signé la demande en séparation, oui.

PLACIDE, dans un cri.

Ah! t'jé n'évais daonc pas rêvé tout cela!... Oh! c'était vrai!...

CLARISSE, l'arrêtant.

Placide!

PLACIDE.

Cot Bétiste, il est yune vrai draole... il a taout fait, il dira taout à vaous... et à vaos pieds... et à genaoux... il s'il vaoulait pas parler... je le tuai, moa!

CLARISSE
Placide! Placide!
PLACIDE.
Je vais l'émener ici... par l'oreille... Oh! par l'oreille, ce coquine-là, par l'oreille! (Il sort.)

SCÈNE IV
JACQUELINE, CLARISSE.
CLARISSE.
Il y a encore là un malheur. — Laborie! — Ah!... (Elle baise une petite croix suspendue à son cou.)
JACQUELINE.
C'est cette croix dont vous m'avez parlé, et qu'un pauvre vous a donnée le jour de votre première communion?
CLARISSE.
Oui... — Je prie en la regardant toutes les fois que je crains un malheur.
JACQUELINE.
Je ne redoute que deux malheurs, moi, et dans la crainte e l'un ou de l'autre, je porte cet anneau.
CLARISSE.
Une relique?
JACQUELINE.
Oui.
CLARISSE.
Pour préserver peut-être de la mort ceux qu'on aime?
JACQUELINE, avec un sourire sombre.
Oui, une relique contre la mort!
CLARISSE.
Laissez-moi y déposer un baiser.
JACQUELINE, vivement.
Non, non... J'ai juré de ne jamais m'en séparer.
CLARISSE.
Ceux qui souffrent vous comprendront.
UN DOMESTIQUE, entrant, à Jacqueline.
Monsieur Laborie demande à vous parler, madame?
JACQUELINE.
A moi?...
LE DOMESTIQUE.
A vous seule.
CLARISSE, bas à Jacqueline.
A vous seule, vous l'entendez... — Il veut sans doute vous faire ses adieux. Je vous laisse.
JACQUELINE.
Votre cause est la mienne, Clarisse. C'est au nom de sa femme indignée, au nom de la morale publique qu'il outrage, au nom de son propre honneur que je lui parlerai, et il m'entendra.
CLARISSE, tristement.
A quoi bon?
JACQUELINE, au Domestique.
Vous ferez attendre ici. (A Clarisse, en la reconduisant.) Je suis sa mère, je lui parlerai avec l'autorité d'une mère. (Elles entrent à gauche. Le Domestique introduit Laborie.)
LE DOMESTIQUE.
Monsieur voudra bien attendre un moment ici.
LABORIE.
C'est bien. (Le Domestique sort.)

SCÈNE V
LABORIE.
Le hasard a poussé Placide sur mon chemin... Oui, il a raison... ma mère doit partir... Elle doit se mettre à l'abri de toutes poursuites... Je ne veux pas me défendre, et cet homme serait peut être encore assez lâche pour se venger sur elle après ma mort!... Allons, c'est dit... ma mère partira... elle apprendra plus tard la vérité... elle n'aura plus qu'à me pleurer alors!... — C'est donc bien fini!... Oh! Clarisse! Clarisse!... Je la vois encore à mon bras... ici... souriante et radieuse... Le monde nous semblait trop étroit pour contenir nos espérances... et aujourd'hui... Ah! le triste pèlerinage que de passer à travers les ruines écroulées de son bonheur... de soulever, en marchant, la troupe éplorée de ses souvenirs!...
(Jacqueline entre.)

SCÈNE VI
LABORIE, JACQUELINE.
JACQUELINE, à part.
La pauvre enfant, elle l'aime encore!
LABORIE, à part.
Ma mère!...

JACQUELINE, à part.
Comment supposer tant d'audace et de perfidie en le regardant?
LABORIE, à part.
C'est à Dieu à la juger... un fils n'est pas un juge.
JACQUELINE, haut.
Est-ce à Clarisse ou à moi que vous vouliez parler?...
LABORIE.
C'est à vous.
JACQUELINE.
Ah!... — et c'est d'elle alors que vous parlerez?...
LABORIE.
Non.
JACQUELINE.
Ni à elle, ni d'elle!... c'est donc fini entre vous?
LABORIE.
Oui.
JACQUELINE, se contenant.
Je vous écoute, parlez!... (Éclatant.) Mais, non, écoutez plutôt... écoutez, je vais vous dire ce que je pense de vous!
LABORIE.
Madame...
JACQUELINE.
Taisez-vous, je suis votre mère!... vous vous en souviendrez, ne fût-ce qu'un moment... et ce moment suffira pour que je vous fasse à jamais rougir de vous-même!... Vous allez vous battre... — N'est-ce pas déjà votre châtiment, que je puisse en parler sans fondre en larmes, moi, votre mère?... — Vous allez vous battre, et si vous succombez, on y verra la main de Dieu, et les hommes se tairont peut-être devant votre tombe... Mais jusque-là, savez-vous ce que l'on dit de vous, monsieur?...
LABORIE.
L'opinion s'égare souvent.
JACQUELINE.
Non... comme les débauchés vous la bravez... L'opinion, c'est la conscience de tous qui se soulève contre les mauvaises actions!...
LABORIE.
Mais...
JACQUELINE.
Donc on dira que vous avez été hypocrite et lâche... et l'on aura raison!
LABORIE, à part.
C'est elle qui m'accuse.....
JACQUELINE.
On dira que vous avez misérablement et lâchement trompé la plus pure et la plus noble des femmes... brisé un cœur loyal... torturé une âme chaste... et l'on aura dit vrai...
LABORIE, à part.
C'est elle qui me condamne!
JACQUELINE.
On dira que la fortune, cette fortune inattendue, ne vous a rien laissé d'honorable... non, rien : ni conscience, ni honneur, ni probité, ni orgueil... pas même un regret... pas même un remords... Vous êtes allé aux plaisirs à travers les larmes et le désespoir de celle qui vous a fait ce que vous êtes... Voilà ce que l'on dira, et l'on dira vrai encore!
LABORIE, à part.
Mon Dieu, donnez-moi la force de me taire!
JACQUELINE.
Et aujourd'hui, quand vous couronnez le scandale de vos amours par le scandale d'un duel honteux, quand la mort vous regarde, peut-être, ce n'est pas pour vous repentir que vous êtes ici... Mais qu'espérez-vous donc?... ma bénédiction?... Ah! sortez!... je vous la refuse cette bénédiction sacrée... et, si je levais les mains vers le ciel, ce ne serait pas pour vous bénir, entendez-vous, ce ne serait pas pour cela!...
LABORIE.
Vous oseriez peut-être me maudire?...
JACQUELINE, à part.
Ciel! ce sourire!... (Haut.) Vous maudire?... ne serait-ce pas mon devoir?... ne serait-ce pas justice?... vos crimes...
LABORIE.
Mes crimes?... mes crimes?...
JACQUELINE, à part.
Ce regard... saurait-il mon secret!...
LABORIE, à part.
Allons, mauvais fils, contiens ton cœur qui se révolte pour accuser ta mère... ta mère ne doit pas rougir devant toi!... (Haut.) J'ai tort de vouloir me défendre... mais attendez pour me maudire, ma mère, attendez.
JACQUELINE, à part.
Le juge ce n'est plus moi, c'est lui, je le sens là!

LABORIE.
J'ai l'intention de quitter Paris, même la France, si je ne succombe pas dans ce duel... j'avais l'espérance de vous emmener avec moi... M'aimez-vous assez pour me suivre?...

JACQUELINE.
Abandonner Clarisse?... mais suis-moi, monsieur, elle serait peut-être morte de douleur en ce moment... tant qu'elle souffrira, ma place est auprès d'elle pour la consoler... vous devriez le comprendre!

LABORIE.
Dans quelques jours le divorce sera prononcé.

JACQUELINE.
Eh bien?

LABORIE.
La faute en est à moi, j'en conviens... mais est-il convenable que vous soyez, vous, ma mère, chez la femme...

JACQUELINE.
Que vous avez indignement abandonnée? Oui, monsieur.

LABORIE.
Mais le pain qu'elle vous donnerait...

JACQUELINE.
Serait-il plus dur que celui de l'aumône, je l'accepterais!... mais rassurez-vous... Clarisse m'aime comme une fille... et si je l'aime à mon tour comme une mère, c'est que Dieu a voulu faire de nos deux infortunes une consolation et un bonheur.

LABORIE, dans un grand trouble.
Ma mère!... ma mère!... Tenez, au nom du ciel, au nom de mon père, partez, partez!...

JACQUELINE, à part.
Il sait mon secret!

LABORIE.
Vous trouverez une voiture en bas... Placide vous attend... il sait où vous conduire... j'irai vous rejoindre... j'irai vous retrouver... nous travaillerons... nous vivrons loin du monde... et j'atteste Dieu, Dieu qui nous voit, Dieu qui m'écoute, que vous n'aurez jamais à vous plaindre de moi... mais partez, partez!

JACQUELINE, le regardant dans les yeux.
Vous savez tout?

LABORIE.
Je ne vous accuse pas, je vous plains, je vous aime!

JACQUELINE.
Ah! malheureuse!

LABORIE.
Ma mère!

JACQUELINE, tombant sur une chaise.
Mon fils me méprise!

LABORIE, se traînant à ses pieds.
Non, votre fils vous aime!... Mais votre malheur est public... Monsieur Lerdac et Placide le savent... Forbin vous a reconnue... Ah! fuyez... fuyez!...

JACQUELINE.
Tout Paris, demain, saura ma honte, et mon fils rougira de moi!

LABORIE.
Rougir de vous?... mais votre passé pour moi, ce sont vos soins, vos bontés, les tendresses cachées dont vous m'entouriez... Quelle mère a mieux veillé sur son fils que vous?... Quelle mère l'a plus aimé?... Quelle mère a montré une âme plus attentive et plus haute?... Je vous ai vue neuf ans à l'épreuve, moi, et pendant ces neuf ans, pas une heure de votre vie qui n'ait été un dévouement, un sacrifice, une grandeur!... Et l'on vous accuse!... Mais mon cœur vous absout!... Est-ce qu'une mère est jamais coupable aux yeux de son fils?... Est-ce qu'un fils juge jamais sa mère?... Non! il l'aime... il aime avec sa reconnaissance et son cœur... il l'aime, et Dieu, qui le regarde, Dieu le bénit!

JACQUELINE, avec élan.
Laisse-moi t'embrasser! (Elle le couvre de baisers et de larmes. — Pause.) Tu n'as pas besoin de me dire ce qui s'est passé entre monsieur Lerdac et toi... On t'a menacé de ma perte si tu ne te prêtais pas à un scandale qui amènerait une séparation entre Clarisse et toi, et tu as sacrifié ton bonheur plutôt que de livrer la mère... Oh! ne nie pas!... toute ta vie, pauvre cher enfant, n'a été qu'un long dévouement, qu'une éternelle abnégation... hier pour celle que tu aimais, aujourd'hui pour ta mère!... Oh! sois béni, sois béni!

LABORIE.
Ma mère!... (Il lui prend la main qu'il couvre de baisers.)

JACQUELINE, à part.
Je ne serai pas plus longtemps un obstacle à leur bonheur! (Elle porte sa bague à ses lèvres et pousse un cri.) Oh!...

LABORIE, relevant la tête.
Quoi donc?... Qu'avez-vous?...

JACQUELINE, se dominant.
Rien, rien... Appelle Clarisse, je veux lui parler.

LABORIE, tressaillant.
Clarisse?...

CLARISSE, entrant.
Me voilà!... (Moment de silence.)

SCÈNE VII
LES MÊMES, CLARISSE.

JACQUELINE.
Vous avez entendu, n'est-ce pas?...

CLARISSE.
Oui... — et je demande pardon à ce pauvre martyr d'avoir douté de lui?... (Elle tend la main à Laborie.)

LABORIE, hésitant.
Clarisse!...

JACQUELINE.
Mes enfants!... Dieu me fait cette dernière joie de vous réunir et de vous bénir dans le même moment... Vos âmes se valent.... mais, si nobles et si pures que vous êtes, je ne suis pas tout à fait indigne de votre pitié.

CLARISSE.
Votre passé vous appartient... Vous êtes innocente pour moi.

JACQUELINE.
Non... je suis coupable... j'ai volé!...

LABORIE.
Ma mère!...

CLARISSE.
Ah!...

JACQUELINE, à Clarisse.
Vous me mépriserez moins quand vous m'aurez entendue. Son père venait d'être condamné à mort... on demandait une forte somme pour le sauver... Le hasard me conduisit chez un des chefs révolutionnaires.... Je restai un instant seule en face d'un coffret entr'ouvert... Des diamants et de l'or brillaient au fond... je pouvais sauver mon mari... j'étendis la main.—Je ferais encore ce que j'ai fait... Enfin, j'avais volé!... Je courus à la prison... Mais Dieu, qui condamnait sans doute mon action, permit une erreur terrible... Un autre fut sauvé à la place d'Ambroise, et Ambroise mourut!... Voilà mon crime... Vous pouvez me croire... Vous me croirez, du moins, quand vous saurez que la criminelle s'est enfin punie, et que c'est une mourante qui vous parle...

CLARISSE et LABORIE.
Que dites-vous?...

JACQUELINE, à Clarisse, avec effort.
Vous avez un instant songé à la mort, Clarisse.... C'était un crime... car votre mort... assurait le malheur... de tous ceux qui vous aimaient... C'était œuvre d'égoïsme... et d'orgueil... Moi, c'est différent... j'assure votre bonheur... J'espère que Dieu me pardonnera de mourir!...

LABORIE et CLARISSE.
Mourir!...

JACQUELINE, montrant la bague.
La mort était là!....

LABORIE.
Cet anneau?...

CLARISSE.
Du poison!...

LABORIE.
Du secours!... du secours!...

JACQUELINE.
Reste... je n'aurais pas le temps de t'embrasser!...

LABORIE, la soutenant.
Ma mère!...

JACQUELINE, les embrassant.
Ma fille!... mon fils!... (Elle tombe.)

LABORIE, se jetant sur elle.
Ah!... ma mère!... de l'air... de l'air!... ma mère!... ma mère!... ah! plus rien!...

CLARISSE.
Morte?...

LABORIE, à genoux et pleurant.
Oui, morte!... La voilà!... ah! mon Dieu!... mon Dieu!... (Lerdac entre avec Forbin.)

SCÈNE VIII
LES MÊMES, LERDAC, FORBIN.

CLARISSE, à Lerdac.
Vous ici?...

LERDAC.
Ne m'avez-vous pas écrit?...

CLARISSE.
Regardez, regardez!
LERDAC et FORBIN.
Jacqueline!
LABORIE, se levant.
Oui, Jacqueline!... oui, ma mère!... Ah! tu es venu jusqu'ici insulter à sa dépouille?... Eh bien!... c'est ici, devant elle, que je vais te tuer!...
LERDAC.
Un duel?... Une pareille profanation...
LABORIE.
Cela me regarde!... des armes, des armes!
FORBIN, à Laborie.
Oui, mais il faut en trouver, et nous n'en avons pas!
PLACIDE, entrant.
T' jé en avais, moa... prenez!...
LABORIE, les prenant.
Enfin!...
PLACIDE.
T' jé garde le porte... (montrant Forbin) et j'étranglerai lui si il baouge!...
LABORIE.
Éloignez-vous, Clarisse!
CLARISSE.
Non, non!...
LABORIE.
Soit, restez... C'est un arrêt, et non un crime... c'est une justice, non une vengeance!
CLARISSE.
Ne te bats pas, ne te bats pas! il te tuera!... oh!
LABORIE.
Demandez à cette pauvre victime si elle ne doit pas être vengée!
CLARISSE, tombant à genoux.
Ah! mon Dieu!...
LABORIE, à Lerdac, en lui jetant une épée.
Allons, défends-toi!
LERDAC.
Vous êtes fou!
LABORIE.
Parbleu! oui, je suis fou, mais défends-toi. (Il lui coupe le visage du p'at de son épée.)

LERDAC, bondissant.
Ah! (Il ramasse l'épée.)
CLARISSE.
Mon Dieu!
LABORIE.
Je n'ai jamais touché une épée, et pour te convaincre que je ne reculerai pas, je me mets devant le cadavre de ma mère! (Lerdac attaque en furieux.)
CLARISSE.
Mon Dieu! mon Dieu!
PLACIDE, la prenant dans ses bras.
Taisez-vous, vous, vous le feriez tuer.
LERDAC.
Oh! cette morte!... On dirait qu'elle me regarde!
LABORIE.
Lâche!... Tu recules!
LERDAC, l'attaquant.
Non, non!... (Ils se battent.)
CLARISSE.
Mon Dieu! sauvez-le!
LERDAC, s'arrêtant.
Cette morte me trouble... cette morte paralyse mon bras!
LABORIE.
Avoue que tu trembles, misérable!
LERDAC, tu mens! (Ils se battent. Lerdac poussant un cri.) Ah!
LABORIE.
Je t'ai frappé.
LERDAC, montrant Jacqueline.
Non... la main de Dieu!... C'est elle!... la morte!... la morte!... la morte!... (Il tombe et meurt.)
CLARISSE, se jetant dans les bras de Laborie.
Laborie!... Laborie!...
LABORIE, s'agenouillant.
Je t'ai vengée, ma mère!
FORBIN, sur le corps de Lerdac.
Il est mort. Je suis ruiné!...
PLACIDE, frappant sur l'épaule de Forbin.
Vautre taour sera demain, vaous.

FIN.

Paris. — Typ. Morris et Comp., rue Amelot, 64.

www.ingramcontent.com/pod-product-compliance
Lightning Source LLC
Chambersburg PA
CBHW060537050426
42451CB00011B/1768